拾坚

线

坚

拾坚线

孙坚的24小时

孙坚——著

天津出版传媒集团
百花文艺出版社

图书在版编目（CIP）数据

拾坚线 / 孙坚著. -- 天津 : 百花文艺出版社, 2019.7
ISBN 978-7-5306-7707-0

Ⅰ. ①拾… Ⅱ. ①孙… Ⅲ. ①孙坚—自传 Ⅳ. ①K825.78

中国版本图书馆 CIP 数据核字（2019）第 025866 号

拾坚线
SHIJIANXIAN
孙坚著

选题策划：史　倩　　**装帧设计：**弘果文化传媒
责任编辑：孙　艳　　**特约编辑：**高连飞　褚宇恒
出版发行：百花文艺出版社
地址：天津市和平区西康路 35 号　　**邮编：**300051
电话传真：+86-22-23332651（发行部）
+86-22-23332656（总编室）
+86-22-23332478（邮购部）
主页：http://www.baihuawenyi.com
印刷：北京美图印务有限公司
开本：710×1000 毫米　1/16
字数：120 千字
印张：16.5
版次：2019 年 7 月第 1 版
印次：2019 年 7 月第 1 次印刷
定价：68.00 元

如有印装质量问题，请与北京美图印务有限公司联系调换
地址：北京市顺义区南彩石镇九王庄村兴华街 79 号
电话：（010）60418151　　邮编：101300

拾坚线：
孙坚的 24 小时

Unbreakable
24
hours

这世界
没有人能随随便便成功

24
hours

她永远都是天底下最美的妈妈。
对我来说，妈妈在哪里，哪里就是家。
她来养我小，我来养她老。

从十八岁第一次离开故乡和妈妈，
远行来到北京，
我的人生从此开始变得不一样了。
在北京，
我失落过，哭泣过。
但也是在这个城市，
我成长了，收获了。
那些住地下室的经历，
和奔波在这个城市每一个角落跑组的回忆，
都让我更加珍惜和感恩现今拥有的一切，
也让我更有努力前行的勇气和动力。
我热爱这个曾经让我哭泣如今让我欢笑的城市，
热爱这个给予人们机会和希望的城市。
我热爱我的故乡西安，
也热爱这个让我成长并收获的第二故乡
——北京。

24 hours

孙坚的

24 小时

One

Day

For

Me

我出生在西安，一个古老而又美丽的城市。
这个城市曾经叫长安城，
这里镌刻了十三朝古都的繁华与衰退，
记载了几千年中华文明的脉络。
在这个城市里，有我成长的印迹，
有我想念的亲人，
有那永远都吃不腻的美味，
还有我最最亲爱的妈妈。

如果可以，我想把全世界都买给她。
没错，她就是坚果们所称的『王小姐』
——我的妈妈。
我不知道在大家的眼里，我的妈妈颜值几何。
但在我的眼里，无论是妈妈年轻时，
还是现在，抑或是未知的将来，

第二现场　小青年的成长岁月 105

第一现场 演员，片刻不停的修行路 017

24 hours

One Day For Me 孙坚的 24 小时

第三现场 我从来都不是孤岛 217

Juhuayuan Rd.
JUHUAYUAN

时 12 时 11 时 10 时 9 时 8 时 7 时 6 时 5 时 4 时 3 时 2 时 1

One Day For Me

时 24 时 23 时 22 时 21 时 20 时 19 时 18 时 17 时 16 时 15 时 14 时 13

拾坚线

第一现场

演员，片刻不停的修行路

孙坚的24小时

1

O'CLOCK

01 : 00

我是孙坚——演员孙坚

新一天的奋斗即将开始。
每一天，我都在为成为一个好演员而努力，也为自己能够是一名演员而庆幸。

2018-03-04 11:03

我已不年少，无须再轻狂，自视不过高，放低再学习。

我是孙坚，毕业于中央戏剧学院表演系。我的志愿是当一名演员，一名优秀的演员。

在我过去的职业生涯中，我有过许多种身份。从电视荧屏到电影大银幕，都有过我的身影。

后来，我也参加了电视综艺节目。我不断尝试挑战自己，我听到有人说从综艺看到了孙坚的“演技”，我很感激别人这么说。

相信很多人认识我、记住我，是通过《百变大咖秀》。在我从业之初，我希望通过一部优秀的电视剧或者优秀的电影来走进观众的视野，成就演员孙坚。

但是因为种种原因，虽然我演过很多角色，但很遗憾，我一直没有一部堪称代表作的作品。为此，我也思考了很多。

我知道自己是一名演员，而且清楚地知道，我对自己的期望是成为一名优秀的演员。所以最开始，我是抱着让自己获得更多机会的心态参加《百变大咖秀》的。但是，在这个舞台上，我收获了许许多多意外的惊喜，也让我重新定义了自己在其中的位置——每一期节目，都是一个新角色的诞生。

当我突然想通这一点的时候，我爱上了那个舞台。

因为，我喜欢并享受做演员的状态。

在这档综艺节目中，我把每一期秀当作一个角色去诠释。每一次我都花一百分的力气去演，在看回放的时候，我就思考哪里可以做得更好一点，或许我花一百零一分的力气去演，这个角色就可以更加趋于完美。

在《百变大咖秀》中，我模仿过很多人，也得到了许多人的认可，会听到有人说，孙坚扮什么像什么。我听到自然也很开心，但我更清醒地知道，我是演员，演什么像什么这都是应该的。

之后，我还参加了一些不同类型的综艺节目，有的是作为经纪人，有的是作为主持人，等等。

在这些节目里，观众从更多的角度了解了我，看到了更真实的我。也因此，我有了更多喜欢我的观众。

我很感激这些节目，但是坦白讲，我最享受的还是演戏的状态，我最喜欢的身份也是演员这个身份。

有了喜欢我的观众，慢慢地，也就有了后来的许多作品，包括《爱在春天》《锋刃》《海上牧云记》以及《逆流而上的你》等。

在此之前，我演过一些可以说自己并不是很喜欢的剧，但是我敢说，所有的角色我都是用心去演绎的，每个角色都像是我的孩子，我倾注了当时全部的心血。只是后来我才有机会接到自己更喜欢的剧。

尽管有着不同的身份，但是我最在意的还是演员这个身份。我最想做的就是踏踏实实地当个演员。

CAPTIVE
WILD WOMAN

身处演艺圈，我深深知道把演员这个事情做成有多么难。

从我见过的人和事，我清楚地知道，演员这条路很难走。演员每天都要潜心思考剧本，思考角色，而且很可能演了很多角色，却依然不为人所知，甚至演了很多很好、很有名的角色，而依然不为人所熟知。

但是让我选的话，我还是会选择演员这条路，这是我一直在做的，一直坚持的。

我喜欢很多用心演戏的演员，比如周迅，不炒作，只靠作品说话，这就是一个演员的本分和素养。

在我的内心，对于演员这个职业是充满敬畏的。敬畏之心是我一直在演艺圈坚持下去的动力，也是我认为一个演员应该具有的基本素养。

正是因为这份敬畏，让我关注到《我就是演员》这档对演员职业充满敬

2017-11-12 22:11

世界之大，岁月之长，有时间一定要带自己的父母多出去看看，告诉他们世界其实很大很大。

畏的节目。

其实早在《我就是演员》第一季（《演员的诞生》）的时候，我就注意到了这档节目，我曾经在微博上说："不要想着如何能赢对手，而是真的投入角色，哭、喊，都只是表演的一种表情，我们也有深情、微笑和其他表情，不要招招都狠。我们的生活都是起起伏伏，更别说演戏了。多一些色彩，不要让观众觉得我们演员的得失心那么重，所以控制最重要。真正的演技炸裂是自己相信，观众也相信……"

那时的我没想过自己也会站到《我就是演员》的舞台上去展示和被评论。

参加这个节目，对我来说并不轻松。我的角色王大齐与我本人的距离很远，但是在表演过程中正如我说过的，"就是像那种灵魂附体的感觉，我也说不出来那种感觉，反正我觉得那一刻我让大家知道我不是孙坚就好，但是又感觉是真实的"。

在这样一场竞争激烈的比赛中，虽然我最后没能晋级，也没有被爆灯，遗憾没能加入自己喜欢的导师战队，但我还是发自内心地感到满足，为完成了一个角色而感到愉悦。尽管最后输了，但在这样一个备受关注的舞台上，我留下了一个作品，也坚持了自己一年前的看法，投入角色，用心去演，不是用力过度的嘶喊，也不是毫无控制的情绪宣泄。

这期节目之后，很多观众记住并喜欢上了我与范湉湉饰演的王大齐和高霞。我想，这本身就是一种成功、一种收获吧。在这次录制中，我很感谢范湉湉对我的信任，我们相互成就了这一对有血有肉、令人动容的角色。

在媒体上，我也收获了很多观众对于我的肯定及鼓励，看到大家为自己诠释的角色哭和笑真的是一件很幸福的事儿。如果说《百变大咖秀》让观众更多地记住了我的“搞笑”，那《我就是演员》则让观众更多地记住了我的演技。

我一直想对喜欢我的观众说，我停不下来的原因，其实是我始终在坚持和寻找。作为演员，演好每一部戏是本分，可是要有个人代表作还需要天时地利人和。我在不断寻找那部属于我的代表作。我知道自己的演技并非多好，但我一直在努力进步、用心成长。我相信，自己的坚持、敬畏和笃定，终究会有所收获，至少会让喜欢我的观众看到一个可期的未来。

我希望人们提到我，会说“他是孙坚——演员孙坚”。在我的职业中，以前有过很多身份，以后也可能会有其他的身份，但无论何时，演员都是我最最看重的身份，也是会付出最多时间和精力的身份。

我是演员，我在为做一名好演员而努力，也为自己能够是一名演员而庆幸。

我知道，演员靠的是演技。我在努力，努力成为能收获大家喜爱又有过硬演技的演员！

西安之美

XIANZHIMEI

家乡
西安

我出生的地方是东羊市医院。我的幼儿园是菊花园幼儿园。
我的小学是立新小学。我的中学是第八中学。我的高中是高级中学。
我大学之前一直生活的地方，是我的家乡——西安，
一个去过一次就一辈子都想再去的地方。

2

O'CLOCK

02：00

磨砺，让我更珍惜现在的机会

黎明之前注定会有黑暗。

我希望在演员的道路上收获更多，所以，苦一点、累一点，我都不会动摇。

2017-02-27 08:06

我们怎样过一天，就怎么过一生。

演员，是一个人前光鲜的职业。在外界看来，演员好像永远都生活在明亮的聚光灯下，被人关注，受人喜爱，同时也有着较其他行业更多的名气和收入。

从某种程度上来说，这也是事实。知名的演员，确实有着优于其他行业的收获，包括名和利。

但是，在这个世界上，从某种程度上来说又是公平的。演员在获得比其他人更多名利的同时，也承受着比别人更多的压力，而这种压力，既包括体力上的，也包括精神上的。

在没什么作品的时候，演员是不为大众所知的，他们的生活也是非常艰苦的。这个时期的演员要同其他人一样遭受物质生活的考验。而同时，他们的工作性质也决定了你不是努力了就会有收获，因为有时候他们压根儿没戏拍，这就意味着连努力的机会都找不着。

我经历过这样的时期，没有戏拍，没有收入，但是还要生活，还想继续做演员。这其中的压力没有经历过的人很难懂得。

有幸熬过这个时期的演员或许能迎来转机，有戏可拍了，也被观众认可了，曾经希望的机会可能也会排着队赶来。但是要么不忙，要么就忙得昏天黑地。

这样的日子，我也经历过。比如，我参加完《百变大咖秀》的那段时间，每天睡三四个小时成为常态，心理上吃得消，但身体屡屡报警。

每当觉得很苦很累的时候，我就会回想起自己打工的岁月，苦苦工作一个月也只有几千块钱，然后我就会更加珍惜现在的机会。

现在为赶日程身心俱疲的时候，我会回想自己曾经非常渴望拍戏而又没那么多好剧本邀约的煎熬，就会从心里感到一些释然。

演员很多的辛苦是这个职业所决定的，而一旦忙起来就证明演员这个职业你做得是比较成功的，否则很多时候你想忙却无事可忙。

曾经有好多次我一天要跑一个城市，当天起来从北京飞巴黎，路上大概十个小时，过去以后参加一个活动，连落地带参加活动一共待八九个小时，然后马上坐飞机赶回来拍戏。

这样的安排对现在的我已经见怪不怪，除了努力去调整适应，没有别的办法。

作为演员，还有许多许多要注意的地方，比如要控制体形、控制饮食。在很多人面对美食吃得酣畅淋漓的时候，演员只能在那儿望美食而兴叹。

所有这些，其实在作为演员的生活和工作里面，不过是冰山上最小的一角，小得都不好意思提及。

虽然我年龄不算太大，但生活经历也算丰富。所以我早就知道生活的不易，在这个世界上，哪个行业都有不为人知的辛苦。

AMONES
JOHNNY

人们经常笑着谈论北京街头卖煎饼的人年收入多少万，可是人们总会忽略当你在被窝做梦的时候，他们就已经起床开始了备餐。

那些身家多少亿的企业老总，人们经常惊羡于他们的财富，但谁都不会羡慕他们的日程表上可能除了睡觉之外都是工作。

哪怕是非常平凡的岗位，也有着许许多多的不容易。清洁工天还没亮就起床了，冶炼工人大夏天依然要面对炉内温度高达两千摄氏度的冶炼炉，电力人员即便滴水成冰也要按时维修电路……

当然，演员这个职业也不例外，不是谁都能随便演一个角色就一夜爆红的。在作为演员的过程中，大家都辛苦过，但同时也收获了许许多多。我能够做自己喜欢的事，还被那么多的观众认可和喜爱，我真的觉得自己已经非常幸运了。

我希望在演员的道路上收获更多，所以，苦一点、累一点，我都不会动摇。

在这条路上，会有困难，也会有收获；会有鲜花，也会有非议。但选择这条路，我们就是既选择了站在聚光灯下的荣耀，也选择了舞台后的磨砺。

八中

这是我初中学习的地方，
不远处有我曾经就读的幼儿园、小学，
这条街就是我离开西安之前的生活半径。
在这里有过欢乐也有过不快，
许多成长的足迹都留在了这条街旋转的圆圈之内。

3

O'CLOCK

03：00

演员，好好演戏就没错

一切都来之不易，我会珍惜。

奔波在剧组或者录制现场，忙忙碌碌，也会感到累，但也证明自己作为演员的被需要。

2016-10-17 11:47

那些年，未来遥远得没有形状，我们单纯得没有烦恼。
生活，不就是在不断地解决问题和反思自身中变得更好的吗?
愿你我心有明灯，前行无畏。

演员，是我现在的职业，也是我现在主要的身份之一。

我热爱我的职业，但说起来，当演员并不是我小时候的理想。我小时候的理想是当主持人。

能够考上中戏，大概是我的人生转折。从知道中戏并为进入中戏而努力，有很多机缘巧合在其中。

说起来，我最开始选择当演员，并不是梦想驱使，也不像电视剧里主人公的励志桥段那样或是为了梦想，或是为了给更多人谋福祉一般的高大上。

我选择当演员，不过是想多挣钱养家，让家里人过得更好一些。

但是，当我真正走上演艺道路并一步一步往前的时候，当我因塑造一个角色而收获肯定的时候，我也体会到了这个职业给予我的特别的开心和成就感。

因为是演员，我可以去演不同的角色，通过角色感受这个世界的不同侧面，去体验不同角色里无限的人生可能。

我不断去演戏，收入渐渐满足了自己和家人的生活需求，也开始有更多的精力和心思去感受作为演员的幸福。

慢慢地，我爱上了演员这个职业，这大概就是人们常说的干一行爱一行吧!

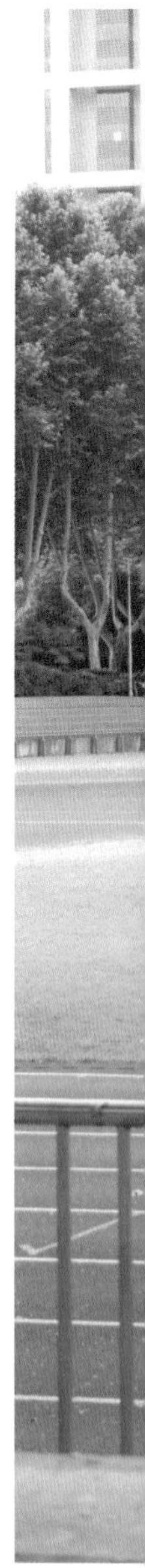

然而，热爱并不能解决所有的问题。

我的演艺之路走得并非畅通无阻。

虽然我出道之初演过不少戏，但是没有一部能称得上代表作的作品，甚至没有一个角色是让大家耳熟能详的。

在那个阶段，我所参演的作品不是播出后反响不够好，就是虽然反响不错，但自己只是其中的一个小角色，小到几乎让人忽略那是谁演的。

甚至有一段时间，我是完全无戏可拍的。作为演员，靠演戏吃饭的我，那段时间不着急是不可能的。

我需要演戏的收入来维持自己起码的生活开支，更需要通过一个个角色来实现自己的价值。我是演员，我必须有一个让大家记住的角色，必须要拿到看得上的剧本，必须演到自己喜欢的角色，必须有一部自己的代表作！

可是，剧本在哪里？角色又在哪里？

我陷入了焦虑，就像一只趴在窗户玻璃上的苍蝇，看着外面风和日丽，而自己却始终找不到出口。

偶然的机会，我知道了《百变大咖秀》这档轻松愉快的综艺节目，而且嘉宾都是挺有名的“腕儿”。

我能不能也去参加呢？《百变大咖秀》备受观众喜爱，而且演绎形式很好，我想如果我去了，也许真的能通过这个节目让大家记住我。

HEY
HO
LET'S
GO

我知道这节目的门槛挺高，审核很严。但我还是厚着脸皮找了节目组，没想到他们真的同意了。

但是节目组也说了，只能给我一次机会，如果反响不好，后面就没机会了。

我说好。至少有一次机会，不是吗?

但是，我去参加节目的事情却遭到了家人和团队的一致反对。他们一再劝我：在演戏的路上再坚持坚持，以后一定能闯出来，但是如果上了《百变大咖秀》走了谐星路线，以后扳不回来了怎么办?

我知道他们都是为我好，但是我觉得这对我来说是一个机会，我不能错过。而且，这个节目能给观众带来很多欢乐，有什么不可以去的呢? 反串也好，搞怪也罢，我都当作是一个个角色，去认真演绎、认真塑造，这也不失为一个演员的初心。

尽管我说服了自己，但是内心深处的忧虑始终无法排解。去参加节目的前一天晚上，我整宿没睡。紧张? 担心? 焦虑? 也许都是，也许都不是。

就带着这样复杂的心情，我去录制了第一次的节目。

我的第一次录制是模仿罗中旭。我一个人在舞台中央纵情歌唱，那么认真，那么投入，然而又是那么孤独。

台下的观众都在笑，而我在那里自顾自地继续着表演，强烈的反差正好

形成了强烈的喜剧效果。

录完之后，我还想参加下面的录制，但是在那之前节目组说过只给我一次机会。

于是我又去谈，结果节目组要求我模仿陈红。

男仿女的反串表演，我心有疑虑，但是我想继续，我想抓住这个机会。所以我只能更努力地准备。我看了很多陈红老师的表演视频，什么时候转身，转身时是什么样的眼神，走路的姿势，手部的动作……从每一个细节让自己更像，这些都是功课。在《百变大咖秀》，我模仿过很多人。虽然每一次我都竭尽全力做到最好，但是回看视频时，我还是会忍不住对自己的表演"挑毛病"，希望下一次可以做到更好一点。

我想给观众带来欢乐，但又不能表演过头招来大家的反感。所以这种表演尺度的拿捏很重要。

每次录完节目我都要问大家我表演得怎么样、招人烦吗？在得到效果不错的肯定回答之后，我才能稍微踏实几分。

最后一期的时候，我自告奋勇，要模仿范冰冰。大家都比较吃惊，但经历了之前一次次的角色突破，大家也有信心让我去挑战这样一个极其冒险的角色。

每一次，从接到模仿任务到节目开播，我都不会去联系所要模仿的明星"本尊"，因为要保持节目的神秘感。但这次收官之作后，我在微博上@

2016-09-17 18:43

不喜欢现在的日子，可以按个回车键，重启一行，别按删除键，因为谁都不知是否真能重新来过。

了范冰冰，没想到收到了她的回应和夸赞。我真的非常开心，也算是得到了一种肯定吧。

后来参加节目，有人就会说：“孙坚，你现场模仿一下×××。”我说我模仿不了。

为什么？因为在《百变大咖秀》里模仿每一个人物，我都要提前做许多许多的功课。去查相关资料、看视频、总结人物表情和动作特点，然后一遍遍地练习。你让我直接模仿，不好意思，我真的做不到。

不是我耍大牌，而是，表演需要下真功夫才能演好，不提前做功课的话我真的演不好。

罗中旭、陈红、阿雅、雪姨、甄嬛、范冰冰……参加节目期间，这些角色成为了我独特的记忆点，也让观众记住了一个认真模仿、认真演戏的演员——孙坚！

收获肯定的同时，很多人对于反串表演是有一定成见或者排斥的，这也正常。

甚至包括我的经纪人和我的妈妈都不同意我去录节目。我的妈妈没看过我录制的节目，她说她不敢看，还曾经给我打电话让我不要录了。我当然不能不录，只能敷衍妈妈说“好的好的”。

直到《百变大咖秀》全部节目播出结束，我的经纪人也没陪我去录过一场，因为他也不同意我参加这个节目。

但是我觉得我是演员，演员就应该没有包袱，就应该将每一个要模仿的对象当作一个角色来塑造，抓住这些人的经典造型和特点去一次次地练习。这是一个演员可以做也应该去做的事情，无可非议。

无论我模仿的明星是男是女，我只是把自己忘记，把自己当成角色本人。我心里完全没有局限，因为，我觉得自己就是那一万个可能！

可以说，《百变大咖秀》给了我一个展示自己的舞台，就像有些媒体说的："《百变大咖秀》彻底捧红了孙坚。"

在此之前，人们可能在《美人无泪》《宫锁珠帘》《西厢记》等电视剧里的第二、第三、第四，甚至第五配角里看到过我，但是很少有人记住这些角色，自然也更记不住我。

但在《百变大咖秀》中，从第一场模仿罗中旭时的"生演王"，到年代感十足的陈红，还有雪姨的敲门秀、狠角色甄嬛以及范冰冰，我每一次角色的塑造，都为观众带来了欢乐和颠覆。而这些让观众记住的角色也成为了我新的标签，我知道有些观众可能会觉得我"娘"，但这恰恰说明我的反串表演深入人心。

虽然《百变大咖秀》始终没得到我母亲和经纪人的认可，为此我们也有过一定的争执，但不得不承认，《百变大咖秀》给了我一个舞台，让大家记住了我，因此我才有了更多喜欢我的粉丝，也让更多的观众包括行业内的人士看到了我的演技。

我从不后悔参加《百变大咖秀》，而且我要感谢节目组给了我机会。

因为有了这次机会，才有了后来的《爱在春天》，有了更多我喜欢的剧本。

我不是预言家，也并非能掐会算。我最初并不知道参加《百变大咖秀》将会有什么样的反响，也不知道这会对我个人有好的还是坏的影响。

我只知道，演员，认认真真地好好演戏，准是没错的！

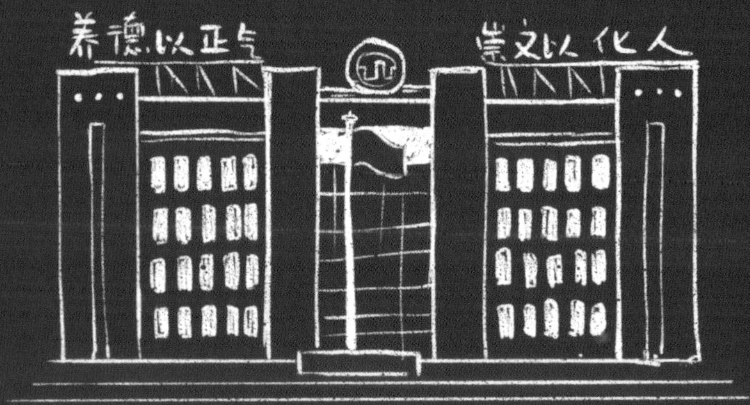

西安
高级中学

这是我高中的母校，一所学霸层出不穷的学校。
虽然没能在这里走完高中三年，
但在这里我认识了许多的同学、挚友。
也是从这里，我一路跌跌撞撞走进了中戏，一直走到了现在。

4

O'CLOCK

04：00

雨不会一直下

在黑暗中坚持下去，总会看到曙光。

不是所有风雨之后都有彩虹，但也不要忘了，等下去，总会风停雨住、云开雾散。

2016-09-17 07:33

对待无常最好的方式，就是珍惜每一个日常。

每逢盛夏，总免不了淋几场大雨。人至盛年，也总会路过这样或那样的低谷与坎坷。

年少时波澜起伏的生活经历，让我早就习惯了在逆境中自由生长。但这样逆水行舟的状态，总是要耗费更多的精力、勇气、意志，甚至会动摇人的坚持和信念。

进入大学后，我的人生算是走上了正常的轨道，读书、拍广告、进组拍戏，虽然算不上多么成功，但也靠着自己的努力一点点奠定了生活的物质基础。

刚刚开始拍戏的时候，并非如人们想象的那样每个演员都可以根据自己的喜好来决定自己演哪部戏。

在这一点上，演艺圈和其他行业没什么不同。任何地方，任何行业，对于新人的要求都是极其苛刻的。对于绝大多数小演员来说，最重要的不是拍哪部戏、剧本好不好，而是有没有戏可拍、有没有导演会选中自己。

演员，首先是一个人，有基本的生存和生活的需求，也要有衣食住行。没有戏拍，就等于没有饭吃。

作为演员，我也是这样一步步走过来的。虽然这其中也经历了很多的辛苦，但我打心底里觉得这没什么。

谁不是这么过来的呢？即使辛苦，我也凭着自己的努力接到了一些戏，挣了一些钱。我不仅做到了自给自足，也给家里的生活带来了很大程度的改观。

但是到了2008年的时候，一切仿佛停滞了。看到过一些好戏、好剧本，但是我没能拍上；也遇见了几个大导演，但是我也都错过了。

一切好像进入了一个怪圈。这林林总总的原因，似乎有道理，但又好像一点道理都没有。剪不断，理还乱，总之就是莫名其妙、鬼使神差地落入了一个怪圈。

那个阶段我没什么广告可拍，也没什么戏可接。每一天都无事可做，只是消磨时光。我经常一个人宅在家里，甚至开始对自己、对演艺事业产生了怀疑。

我一遍遍地问自己，似乎也是在向世界发问：生存怎么就那么难？想接到一部好戏怎么就那么难？

然而，没有答案，甚至没有一丝回音。就连我的内心世界的回答都是沉默。是的，沉默，如果自己能答上来或许就不会这么无力地发问了。

没有工作，也就没有收入。

演员这个职业本身又是花销比较大的，要置办衣服、化妆品等。那时候我也没什么存款，再加上还要租房。在北京待过的人都知道，在北京租房意味着什么。

对于一个普通的大学毕业生，租房意味着一个月工资不够租一套普通的两居室；对于一个工作三四年的人，租一套两居室也就意味着房租要占掉工资的一半甚至更多。

租房，对于当时的我——一个没有工作、没有收入的人来说意味着什么，可想而知。

尽管我很不愿意跟家里要钱，但是我要吃饭、要睡觉，有钱才能有饭可吃、有地方可睡，所以我只能厚着脸皮跟家里伸手。

一个二十多岁的小伙子，不仅不能挣钱孝敬父母，还要伸手跟父母要钱，我不仅觉得脸上无光，心里也非常非常难受。

有一天晚上，我无聊地待着，看着自己的脚发愣。

我觉得我有点迷失，不知道这样的人生有什么意义，或者说不知道该怎样去改变、去扭转。我知道这样的状态是不好的、不对的，但是我无计可施。

2008年是特殊的一年，这一年我们中国要举办奥运会，但这一年我们也经历了“5 · 12”汶川大地震。

汶川大地震后，举国哀悼，这时候的大环境是不适合发展娱乐演艺事业的，而我自己又恰逢低谷。我那时的境遇和心情都是一个大写的“丧”字，不记得每天都是怎么过来的。

直到有一天，《九龙佩》出现了。

虽然也是一部小制作的戏，但我还是如获至宝。确切地说，这时候还没有“获”。所以，我要尽最大努力去争取到它。

我记得试戏的时候，有一个镜头要跪在地上自己扇自己嘴巴。按理说，试戏的时候这样的镜头是不必真打的，但我当时实在是太想拍戏、太想工作了。我特别认真、投入地去做每一个动作、说每一句台词，扇自己嘴巴我也是扎扎实实地真打。

他们都说，其实我不必这样。但是我真的太渴望拍戏了。

所以我竭尽全力去演，我想让导演看到我的认真、我的专业。

为了演好这部戏，我很卖力地做了很多事。

为了演好角色，我啃完了整本《红楼梦》，细细品味分析人物。

果然，付出有了回报。

我接到了这部戏，虽然它不是大制作，我也没有发生什么靠着一部戏一炮而红的桥段。但是因为这部戏，我结束了无所事事的消耗状态。

在这部戏之后，路好像一下子变得宽敞明朗起来。

人生有时候就是这样，就像《阿甘正传》里说的："生活就像一盒巧克力，你永远不知道下一颗是什么味道。"

是的，你不会知道。就像行进到一个山路拐角处，你不知道拐过去是山路十八弯，还是一马平川。

我一直都比较喜欢下雨，喜欢那种被包围的安全感，觉得对自己是一种保护。

我也喜欢雨后的阳光，喜欢光线照在人身上的透亮感，仿佛能扫除一切

CAPTIVE
WILD WOMAN
I MARRIED A MONSTER FROM OUTER SPACE
CHOPPING MALL
KARLOFF
Black Christmas
BLOOD

的阴郁和不快。

我甚至希望自己就是一束阳光，可以给人带来温暖，带来希望。

人生，其实和天气没什么两样。会有风雨也会有阳光，只是人生的风雨带给我们的不是庇护，而是洗礼。

就像高尔基的《海燕》中写的那样：

在苍茫的大海上，狂风卷集着乌云。在乌云和大海之间，海燕像黑色的闪电，在高傲地飞翔。

一会儿翅膀碰着波浪，一会儿箭一般地直冲向乌云，它叫喊着——就在这鸟儿勇敢的叫喊声里，乌云听出了欢乐。

…………

海燕叫喊着，飞翔着，像黑色的闪电，箭一般地穿过乌云，翅膀掠起波浪的飞沫。

看吧，它飞舞着，像个精灵——高傲的、黑色的暴风雨的精灵——它在大笑，它又在号叫……它笑那些乌云，它因为欢乐而号叫！

这个敏感的精灵——它从雷声的震怒里，早就听出了困乏，它深信，乌云遮不住太阳——是的，遮不住的！

…………

Welldone

这是勇敢的海燕，在怒吼的大海上，在闪电中间，高傲地飞翔；这是胜利的预言家在叫喊：

——让暴风雨来得更猛烈些吧！

没有哪只海燕可以躲过暴风雨的袭击，也没有哪个人能够逃得过人生风雨的洗礼。

能成为无所畏惧的海燕自然是好，但是平凡如你我，做不到海燕那样无畏也没什么丢人的。顶着风雨前行，本身就是件不容易的事情，在这个过程中，我们会累、会想放弃、会委屈，甚至会感到窒息、感到无望。这一切都是正常的，也是每个人都可能会经历的。

想通了，我们可能也就不再那么焦虑和害怕了。

人生的路上会有风雨，我们可以胆怯、可以犹疑，但也不必退缩，因为——再大的雨，都不会一直下。

更何况，守得云开还能见月明呢。

西安交大操场

西安交大是我儿时的“后花园”，
偌大的操场留下了我无数的欢声笑语。
那里四季各异的美景，浓厚的人文气息，
都给了我无声的滋养。

5

O'CLOCK

05 : 00

下一站，成长

曾几何时，科比那句“你见过凌晨四点的洛杉矶吗”成为无数奋斗者的标杆。
我没见过凌晨四点的洛杉矶，
倒是经常凌晨就起床拍戏，凌晨就已经在飞机上、在大巴上赶场。

2016-08-01 08:14

永远记得在收获的同时，要想尽一切办法回报。

在当今这个竞争异常激烈的现实社会中，家庭背景好的人可以通过权力或者金钱获得更好的机会和更多的资源。我们不得不承认，也不管合不合理，这都是客观存在的一个事实。

但是，这并不妨碍我们靠着自己的努力去成功，去有所作为。

从我记事起，我就知道，我有爸爸，但是有事的时候是指不上他的，相反我从小就要去照顾爸爸，而不是被他照顾。爸爸几乎没对我的学习或者生活提供什么实质性的帮助，而且他在我十几岁的时候就去世了。

后来好不容易有了继父，他照顾我们母子生活，挣钱供我读书，让我过上了正常的生活。可是，他又不幸患病离我们而去。

我很小的时候，就清楚地知道：我不想让妈妈再去承担生活的重负。而且我能依靠的只有自己。

所以，高中还没读完的时候我就去打工。别人每天上6个小时或8个小时的班，而我主动要求上12个小时。

刚上大学，我就东奔西跑希望接点活儿挣钱。只要有活儿，不论是拍杂志还是拍广告我都会去。最忙的时候一天要拍5本杂志，但我一点都不觉得苦、不觉得累。因为我终于可以挣钱了，我可以减轻家里的负担了，多好的事儿啊！

我希望有更多的戏能找到我，有更多的节目能跟我邀约。

我记得录制《百变大咖秀》的那段时间，我同时有好几档节目要录制，有《我是歌手》《快乐大本营》，还有一部在横店拍摄的戏。

那段日子，我几乎没有好好睡觉的时间，不是在录节目、拍戏，就是在去录节目、拍戏的路上，每天除了工作，不是在飞机上，就是在汽车上。

那时录完节目返回横店拍戏，现在我已经不记得当时是坐飞机飞到哪个机场了，只记得下飞机还要坐五六个小时的车才能到横店。但是不管在哪里，不管几个小时，只要录完节目能赶回剧组拍戏就成，远点、累点都没关系。

我清楚地记得在一次录节目的时候，何老师问我："孙坚，我看你每天都在录各种节目，你都不用睡觉的吗？"

那段时间的确非常累，但是我当时觉得这没什么啊。我甚至在想其他人应该也都是这样的吧！

我每天心里想的，都是好不容易让大家认识了我，我要好好努力、好好演戏，我要抓住一切机会，去站稳脚跟，去带给喜欢我的人更多的作品。

因为我太知道，在演艺圈，机会有多难得。我知道，这些机会对于我意味着什么。

现在回过头来再看，觉得那段时间的自己简直很恐怖，完全没有正常的作息，甚至就是在透支自己。但是当时完全没想这么多，就知道机会来了我不能放过。

记得在横店，我得了荨麻疹，只要一吹风，就全身出疹子，非常难受。

SE IN THE PINES

到了晚上的时候，我就自己做火疗，还要打抗敏感的针。

因为每天早上出工之前都要打针，但是我们有时候五六点就要出工，甚至很早就要起床化妆，这时候医疗室是没有开门的，怎么办?

没想到我竟然学会了自己打针，每天开工之前就自己给自己注射好药物针剂。

这期间，我和妈妈出国录一档旅行节目。行李安检的时候，工作人员发现我在箱子里带了很多药和针管。海关把我带去小黑屋进行询问，我说我有荨麻疹，要打针，抵抗力太差。

海关人员说："你都这样了还去拍戏?"

我说："没办法，这是我的工作。"

大概他们看到我行李的时候还以为我不是干什么好事的吧，哈哈。现在想想那时的自己，的确是用生命在拼。

还有一次，是和朱丹拍戏的时候。

大早上起来，他们看到我就一脸惊讶又匪夷所思的表情，还问："你是谁?"

我还纳闷，一大早逗什么闷子，难道都不认识我了? 竟然还问我是谁。

再一看他们奇怪的神情，我赶紧去照镜子。

不照不要紧，一照吓一跳——我的脸肿得和猪头一样。

说和猪头一样，一点都不夸张。我整个脸都是浮肿的，因为那段时间作

息非常不规律，身体消耗严重，抵抗力变差，导致身体过敏。

但是，工作不能中断啊，所以我就去打抗过敏针，打完很快又复发，然后再打，再复发再打，如此反复好久，才终于恢复了正常。

因为这个，当时网上甚至有人说，孙坚整形了。

我听了简直哭笑不得，有把自己整成这个样子的人吗？不过我也懒得去解释，我知道自己没整，这就够了。

我也想过，我这样拼命至于吗？值得吗？

回答是肯定的。我付出了很多，也收获了很多。拍了很多喜欢的戏，参加了很多好的节目，得到了很多认可，赢得了许许多多喜欢我、支持我的观众、粉丝。有了这些，再多的付出也值了。

我也一度问我自己，我这样疲于奔命到底是图什么？图钱？图名？我是不是太贪心了？

名与利，我们每个人都很难做到一点都不在乎，但要说贪心，我觉得我不是。

我没有得天独厚的资源和机会，现在好不容易有机会了，我不努力的话对得起自己、对得起这样的机会吗？

况且，妈妈含辛茹苦了大半辈子，我现在好不容易有能力了，为什么不去努力让她过得更好一点呢？

还有那些帮助过我的亲戚，他们也都是普通人家，家里条件都很一般。

所以，即便苦点、累点，我也不会放过任何一个机会。我希望我的家人、亲人过得更好一点。

其实，在这个世界上，从来就没有绝对的公平。有的人生来聪慧漂亮，有的人资质平庸，这都是没有办法选择和改变的事情，包括每个人的出身、家庭、亲人，好或者不够好，都是无法选择和改变的。

所以，我们不必去抱怨，抱怨除了让自己集聚更多的负能量之外，改变不了任何事情。

有的人可以靠着父母，从而站得更高、走得更远，不过不是每个人都有这样的好福气。但是，父母给了我们生命，我们都有一条命可以去拼、去搏，这一点，命运还算公平。

西安交大
图书馆

图书馆前有一座书页形状的塑像，被我们抚摩过无数回，
因为小时候都听说，考试前在这里许愿很灵验，
能获得个好成绩。虽然我没能因此成为学霸，
但这倒是为年少的回忆增添了一抹奇异的色彩。

6

O'CLOCK

06：00

当下的一切，都是最好的安排

凡事都有两面，顺境或逆境，都是人生的一部分。
生命中的一切，我感激并敬畏。

2016-07-11 08:59

善良比聪明更重要。

我想我们中的很多人，都在生命的某一刻遭遇过逆境的考验，只是或大或小而已。遇到逆境，我们不禁会难过甚至悲愤，进而难以控制心中的情绪，忍不住向天发问：为什么是我？

这恐怕是人面对困难时最自然也最普遍的一种反应了，包括我自己，也曾经在某些时刻有过这样的疑问甚至是质问。

曾经听过这样一句话：人的一切痛苦，本质上都源于对自己无能为力的愤怒。我觉得这句话说得还是挺有道理的。我们每个人几乎都经历过一些艰难的时刻，我们痛苦但又无能为力，所以会如此难受而又悲愤。

当然，这并不是说我们懦弱或者无能。因为，生命本身就有许多人力无法抗拒和改变的东西，有些时候，你除了接受，别无选择。

在面对这些不愿面对的事情时，我们会难过，会愤怒，会觉得自己是不被老天偏爱的那一个。

然而，当一切都过去，每个人都冷静下来的时候，我们就会明白，人生就是有那么多的不确定，既有偶然的惊喜，也会有突然的噩耗，只是我们欣于欢喜而惧于哀伤罢了。

开心或者不开心都会随机降落在人们身上，包括你，也包括我；而降落的那些东西，就像潘多拉的盒子，有贪婪、有痛苦，也有被关住的希望。

当事过境迁，我们总还要继续人生的远行。谁都不想被逆境永远困住，那我们就必须走出来，去发现美好，去创造喜悦。

有许多粉丝在看过我的一些访谈节目后，都说孙坚很不容易，孙坚太苦了。的确，我是有过困难的日子。但是现在回头再想，我反而觉得真的可以释然了。

妈妈曾经提到我的个人问题，我当然理解她作为母亲的苦心。哪个做父母的不盼着自己的孩子成家立业？但是我的工作性质不同，做不到朝九晚五，即便成家对家庭的照顾也很难做到完满。所以我也跟妈妈解释，不是不想成家，只是眼前工作的节奏不太适合。成家后的我对家庭就有一份责任，不能全都扔给另一半吧。

妈妈曾经在我事业发展不顺的时候说过，不如找个别的工作算了，省得做演员这么辛苦。后来事业有了起色，工作也忙了起来，妈妈看到我整天拎着行李箱四处奔波，很是心疼，经常说做演员太辛苦了。

我知道妈妈是关心我，但我还是忍不住劝妈妈，我说我们应该懂得感恩，感激现在拥有的一切。

我，还有妈妈，我们都有健康的身体，生活上也衣食无忧。我作为演员，做着自己喜欢的工作，还有那么多喜欢我的观众和粉丝，还能去挑选自己喜欢的剧本……我真的觉得，很满足很满足。老天给我们这么多，我们不能奢望更多了。

这不只是对妈妈的宽慰，也是我内心最真实的想法。我真的觉得，对于我而言，老天其实是公平的。我虽然有过不幸的童年，但是我现在也得到了

西安人民大厦留念
吴门王锡麒作
Welldone

很多，所以我再回头看过去反而不觉得多么苦，我现在享有这么多，我真的不能抱怨什么了。

我现在都是以感恩的心态面对一切。

对于顺风而行的人来说，尤其应该懂得感恩。

我经历过事业的低谷，有那么一瞬间，我抬头看看窗外，再看看自己，随手拍了一个穿着五指袜的照片发在微博上，心里想着不如跳下去算了……好在，一切已经过去。

很多演员可能都经历过这样的时刻，甚至很长一段时间都是这样的状态，其中的煎熬恐怕只有经历过的人才会懂得。现在想想，其实挺过来，一切就好了。

人不可能所有的好事都能拥有，你在拥有更多的时候必然就要去承担更多。作为演员，我思考过关于演员的很多事情。

演员因为职业的特殊性，本身就是公众人物，在享受公众对你的喜爱和付出的同时，就不可避免地要受到大家的监督甚至审视。所以，作为公众人物，在很多事情上需要严格要求自己，这不是苛刻，而是基本的要求。

演员，尤其是站在金字塔尖和中上层的一部分演员，相对于其他行业来说收入是非常可观的。那么在享受高收入的同时必然也应该为社会贡献更多。

演员如此，其他行业也是同样的道理。我们作为社会的一员，应当恪守

基本的准则，守护基本的底线，要求自己尽量做到更好。

每当工作遇到一些困难或者忙碌到难以支撑时，我都会回头看自己走过的路。就在回望的过程中，感恩的情绪就会充盈我的内心，让我不住地提醒自己，眼前的一切来得不容易，我应该珍惜，可以有更多的梦想，但不能贪婪，更不应该抱怨。

我不住地提醒自己，我这么健康，我爱的家人也都这么健康。我能做着喜欢的工作并且靠着这份工作体面地生活……我还要再奢求什么?

想到这里，一切的烦恼也就释怀了。

当下的一切，就是最好的安排。

不要贪婪，不要抱怨，怀揣感恩之心，踏实前行，明天的日出在我们眼里或许就会更加美好。

城墙

西安的古城墙庄严肃穆，冬日里站在城墙上，历史的厚重感扑面而来。
不过，在儿时的我们眼里，那里更像是只属于小孩子的天地。
放学后，我们在城墙上奔跑玩闹，上学时学校组织活动，依旧会在城墙上跑步。
高兴了去城墙跑一跑，不开心了也去城墙走一走，
城墙永远敞开胸怀拥抱每一个热爱它的人。

7
O'CLOCK

07 : 00

致坚果

我在努力变得更好，我希望有一天可以成为你们的骄傲。

2016-05-23 13:51

愿时光能缓，故人不散。

有首歌里说夜深人静的时候，是想家的时候。的确，深夜容易触发人的愁绪。

但是，对于习惯了独居的人来说，夜深人静除了想家，更是与自己独处的绝佳时机。我甚至认为，人真正成熟是从学会独处、学会与孤独为邻开始的。

我曾经阅读过一些与孤独有关的文字：

唯独在这些孤独和沉思默想的时刻，我才是真正的我，才是和我的天性相符的我，我才既无忧烦又无羁束。

——卢梭《一个孤独的散步者的遐想》

生命从来不曾离开过孤独而独立存在。无论是我们出生、我们成长、我们相爱还是我们成功失败，直到最后的最后，孤独犹如影子一样存在于生命一隅。

——加西亚·马尔克斯《百年孤独》

灵魂中最深的孤独，是伴随着清醒而来。

——消失宾妮《孤独书》

要么庸俗，要么孤独。

——叔本华《要么孤独，要么庸俗》

RAMONES
73

丰盈的灵魂总是倍感孤独，可我相信，一颗优秀的灵魂，即使永远孤独，永远无人理解，也仍然能从自身的充实中得到一种满足。在追寻人生谜题的路上，我们都曾遇到过关于生命、孤独、爱情、灵魂、逆境……诸多难题。人生路上，你并不孤独，周国平就是你的同伴。

——周国平《人生因孤独而丰盛》

这些文字无一不是作者与自己独处、与灵魂对话的结晶。

作为凡夫俗子，我并不打算独处出什么惊世骇俗的结果或者成就，但是的确有那么一段时间，我喜欢独处，喜欢独处带给自己内心的平静和冷静。

在这种冷静中，我更清醒地认识了自己，认识了自己的过去，也能够更客观、更清醒地面对当下以至未来。

我经常会在独处时回忆自己并不算很长的演艺道路。

我希望自己成为一个优秀的演员，希望有自己的代表作品，让喜欢我的观众和粉丝能够骄傲地说，孙坚演了×××和×××，还有×××，演得都很好。

而我自己，也最享受演戏的状态。我现在有很多种工作身份，但我最喜欢的是演员这个身份，最享受的也是在剧组拍戏的状态。

我希望有朝一日，站在喜欢我的观众面前，能够说，我是演员孙坚，我

在戏里扮演什么什么角色……

从出道以来，其实我拍过不少影视剧，但是要说哪个是我的代表作，恐怕目前还说不上来。我知道，这是我未来努力的方向。

我也盘点过我过去演的影视剧，认真思考过每个角色。曾经有人问我哪个是我最喜欢的角色。

其实，作为一个演员，我对于角色的喜恶和观众的角度不太一样。观众可能更看重一个人物在剧中的人设，从而决定自己的喜恶；而对于我来说，每一个角色都像是我的一个孩子，无论他们有着怎样的天资和表现，我都是用心演绎的，所以谈不上对哪一个角色多么喜欢或者不喜欢。我能说的就是，每个角色我都是认真对待的。

演过许许多多的角色，有的被人记住了，有的被人忽略了，有的被人遗忘了；有的人因为一个角色而记住了我，有的人因为一个角色喜欢上了我，当然也会有人因为一个角色否定我或者不喜欢我。这都是很正常的。

我自己也考虑过，在我演过的这么多影视剧里，究竟哪些剧是优秀的，哪些角色是立得住的。

当然，不是所有我演过的剧都是好剧，这一点我很清楚。在我初入这行的时候，或者说很多演员初入这行的时候，都面临过这样的问题。

看上去每年有那么多的剧要拍，而你可能只是一个十八线演员，没有那

么多的剧本等你选，而是你要上赶着去找一部戏，所以可能都顾不上谈什么梦想，而是先要解决自己的温饱问题。一句话，不是你选戏，而是戏选你！

所以，我承认，我拍过一些大家平常所说的低分剧。这当中当然有现实的迫不得已，我想我不需要再多说大家也都能理解。

但我说这些，不光是为了说我也有过不得已。很多演员对于自己拍过的一些不太好的剧，是不太愿意提及的，但我无所谓。

虽然那些剧可能不够好，豆瓣评分特别低，但是不得不承认，在我需要的时候，是那些剧给我带来了一定的收入，保证我的衣食住行然后再去思考梦想这个东西。

我想说，从某种意义上来讲，我感谢那些剧，感谢那些剧给了我物质基础，也感谢那些剧给了我锻炼的机会。我更要感谢给我机会让我出演这些剧的人。为什么这么说呢?

那时候，没多少人知道孙坚是谁，我既不是自带流量，也不是收视率保证，而他们给了我机会，让我能够站在电视荧屏上，让更多的人看到我，认识我。

而我唯一感到抱歉的，就是对我的粉丝。他们相信我、喜欢我，但是那时的我没能力让他们感到骄傲及荣幸。我想借此机会跟他们说句抱歉，为曾经不得已的妥协抱歉，更感谢他们一路以来的支持。

现在的我，有了一点基础，我想在日后，一定会有更多更好的作品。我也一定会认真诠释每一个角色，为我自己，也为喜欢我的每个人。

西安之美

XIANZHIMEI

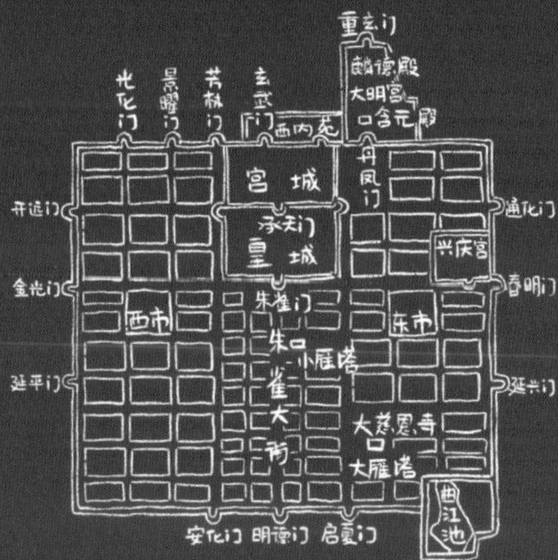

长安城

这个城市曾经叫长安城，是历史上第一座真正意义上的城市。
这里镌刻了十三朝古都的繁华与衰退，记载了几千年中华文明的脉络。
长安城已不复往日的盛名，但西安城永远闪现着属于她的无限魅力。

8

O'CLOCK

08 : 00

穿梭在北京

每天清晨都要庆幸自己有一整天的时间可以去努力。
演艺圈和别的行业是一样的，站在金字塔尖的永远是少数。

安于现状就是在消耗青春，真正的稳定就是每一天都在进步。

在上中学的时候，我就懂得成功有多么来之不易。

我们曾一遍遍诵读千古名句：“故天将降大任于斯人也，必先苦其心志，劳其筋骨，饿其体肤，空乏其身，行拂乱其所为，所以动心忍性，曾益其所不能。”这样的句子我们几乎倒背如流，但它到底是什么意思呢?

此刻我重读一次：

舜发于畎亩之中，傅说举于版筑之间，胶鬲举于鱼盐之中，管夷吾举于士，孙叔敖举于海，百里奚举于市。故天将降大任于是人也，必先苦其心志，劳其筋骨，饿其体肤，空乏其身，行拂乱其所为，所以动心忍性，曾益其所不能。（舜从田野耕作之中被起用，傅说从筑墙的劳作之中被起用，胶鬲从贩鱼卖盐中被起用，管夷吾被从狱官手里救出来并受到任用，孙叔敖从海滨隐居的地方被起用，百里奚被从奴隶市场里赎买回来并被起用。所以上天要把重任降临在某人的身上，一定先要使他心意苦恼，筋骨劳累，使他忍饥挨饿，身体空虚乏力，使他的每一行动都不如意，这样来激励他的心志，使他性情坚忍，增加他所不具备的能力。）

先不说，苦难会不会促进成功，但从这些人的经历就可以看出，成功从来都是不易的。从三皇五帝到大臣宰相，没有谁是一路坦途到达巅峰的。

这样的道理我们都懂，天赋异禀的人想成功尚且如此艰难，何况你我?

很多事情就是这样，道理都懂，但是到了自己身上，反而会失去清醒的认知。

在外面的人看来，进入中央戏剧学院，就像一只脚踏进了演艺圈，似乎就看见了星光熠熠的未来。

的确，中戏、北电这些院校，是进入演艺圈相对快速的通道。但是，场子那么大，舞台却永远只有最中间那一小块儿。根据常识判断一下，我们也知道，不是所有人都能站到聚光灯下。

在这一点上，演艺圈和别的行业是一样的，站在金字塔尖的永远是少数。站在塔尖，除了过人的能力、技巧、天赋，也需要那么一点点好的运气。

总之，说白了，不是每个表演系的毕业生都会成为一名演员。从一个表演系学生到一个被大众熟知的演员，再到一个优秀演员，这之间不仅是一段很长的路，而且是山路，还可能有岔路口，需要你翻山越岭并且有好运气没有走上错误的岔路口才能到达。

考上中戏对我来说是人生的一大转折。上了大学，接触了全新的领域，而且因为形象不错，我入学不久就开始接拍广告。

那时候广告邀约不少，拍一则广告能收入5000元，对于一个大学生而言，这收入已经非常不错了。这些钱除了用作我自己的生活费以外，也让家人的生活改善了不少。

但是表演系学生比其他专业的学生开支要大，因为经常要见组，俗话说“人靠衣服马靠鞍”，买衣服是必需的，还要拍照、洗照片、做资料卡，加上好多同学都能自己挣些钱，平日经常会一起吃饭，虽然大家AA制，但总的下来也都是不小的开支，所以我偶尔还是会跟家里要钱。

所以说，学艺术类专业，包括表演专业，都是很烧钱的，对于家庭的压力也大。

我和我的同学经常去见组，大家约着一起，今天打听到一个剧组就赶紧带着资料过去，明天打听到一个也要去，不放过任何一个机会。

我清楚地记得有一次，我们班毛俊杰过来说一会儿有个剧组，然后我们就说好好好，大家一起拼车去。

遇上其他同学赶不上的时候，就一个人过去，拿着其他同学的资料一起给剧组：这是我们班×××！那时候，我们只是表演系的学生，没有人记得住我们是谁，更没有哪个制片人和导演认识我们是谁。

我们唯一的办法，就是不停地拿着资料去剧组跑，不管是什么剧，也不管是哪个导演，只要一听到有剧组，就赶紧去！

北京这么大，剧组那么多，我们就经常拿着一大沓资料，不停地打车、散资料，穿梭在北京各个角落的剧组之间。

那时光是打车钱、拍洗照片的钱、做资料卡的钱加起来，就是一笔不小的开支。也许会有人说“你不会坐公交啊”！

2016-02-29 13:03

证明自己是一条艰辛的路，同时也鼓励自己——坚持。

可问题是，北京这么大，剧组又不在一个地方，可能一个在最北边，一个在最南边，也许还有一个在郊区，等我们坐公交去了，恐怕剧组早散了。

我们那时候跑剧组就和大学生投简历是一样的——海投。

你完全不知道哪个剧组会给你回音。甚至有的剧组，你给资料的时候就能感觉到对方对你一点兴趣都没有。

眼看着花钱拍的照片和做的资料卡就要打水漂，心里真是难受。有时候我甚至想：既然您没兴趣，能不能把资料还给我，那是白花花的银子啊！

如果哪天能够接到剧组电话那我简直就能乐坏了。

我第一次进组，是《摩梭女儿国》。本来说的是让我饰演男二号还是男三号的，总之戏份还可以。结果进组之后发现，压根儿没我什么戏份。没戏份不说，还安排我跟剧组一个什么人的亲戚去吃饭。

这不是拍戏啊，我很生气，但是有什么办法呢？我心里想既然没戏，那就结账走人得了。

结果，他们不给我结账。

这让我很生气，这简直有违基本行规、基本道理啊！再三交涉，没用，我一怒之下砸了制片人的门，然后自己包车从泸沽湖到丽江，再从丽江到昆明，最后终于从昆明回到了北京。

这就是我第一次进组的经历，我不是男三号，更不是男二号，而是“被骗”这出戏中当之无愧的主角。

类似的经历，恐怕很多演员都有过。因为在现实中，任何行业都存在弱肉强食的潜规则，在你成为强者之前，免不了受这样或者那样的委屈。这不是说你应该承受这些，也不是说这些是公平的，但是总有些东西，是我们无力改变或者暂时无力改变的。

所以，我很喜欢一句话："有勇气改变可以改变的事情，有耐心忍耐无法改变的事情，有智慧区分以上二者。"

无论是做演员，还是从事其他职业，成功从来都是不容易的。

兵马俑

没有什么比兵马俑更能代表西安的悠久历史了。
我不太懂历史，但依旧对它心存热爱，
因为这是历史的遗产，也是每个西安人的自豪。

9

O'CLOCK

09 : 00

往前走，一步一个脚印

我不知道我们未来的路到底会有多长，也不知道我们会走多远，
我唯一能做的就是走好眼前的每一步。

2015-09-01 11:02

奋青就是，即使摔倒，也要华丽地爬起。继续奔跑，正能量面对每一天。

关于天下大势，《三国演义》中是这样说的："话说天下大势，分久必合，合久必分。"其实，大到天下大势，小到日常琐碎，甚至包括人的情绪，都遵循"盛极而衰、否极泰来"这样一个规律。

这是人类社会和自然界都适用的一个规律。就连我们自己的身体与情绪都是这样，在一个极端累积之后，往往就会走到另一个极端或者渴望另一个极端。

这是自然规律，同时也是人性使然，人们总是在习惯一些东西之后会更加渴望自己目前不曾拥有或者说难以得到的东西。

就像忙到昏天黑地的时候会渴望长久地休息，而彻底地放松又会让人感到无聊甚至开始期盼忙碌。

就像素人羡慕名利场的光鲜与热闹，而置身其中的人又迫切渴望内心的安宁，都是一个道理。

作为一个演员，对于这一点更有非常深刻的体会。

演艺圈，在某种程度上来讲，它就是一个名利场。选择了演员这条路，就意味着进入了一个名利场，要不断奔波，或者在通往这个名利场的路上疲于奔命，这几乎是这个行业里人们的宿命。

从选择这条路的时候，我就隐约知道这一点，但是远没有现在理解和感受得那么深刻。

CAPTIVE
WILD WOMAN
CHOPPING
MALL

我经历过无戏可拍的尴尬，不知道基本的生计要如何维持，更没有精力和底气去思考那些叫作梦想和未来的东西。

我也经历过“否极泰来”的艰难蜕变，日复一日，像一个陀螺被日程表抽打着旋转。当然，这是我主动的选择，但主动的旋转并不意味着轻松。

我曾经欣喜于这样的忙碌，这样的日子让我找到了自己存在和努力的意义，也让我有机会、有资格来思考梦想与未来。

在曾经的曾经，我是靠着让家里人过上更好的日子这样现实的理想而进入表演系、进入演员这个行当的。但是，在自己有所积累和进步之后，我开始思考梦想。

演员，的确也是我的喜好，并且应当是我余生都会为之努力的事业。

在走过被戏选择的尴尬时期之后，我有幸迎来了自己选戏的机会。对于剧本，现在我选择遵从内心。因为，演戏于我而言，不光是工作，更是事业和梦想。

我最喜欢也最尊敬的前辈之一就是周迅，无论是演戏的能力还是生活的方式，她都是让我学习和佩服的人。我很认真地看了她的《如懿传》，并且非常喜欢。我真的觉得从她身上学到了很多，最重要的是，她让我明白演员最重要的不是维持，而是创造。

创造对于一个演员来说的确是非常重要的，我们需要不断突破自己，不断学习进步。

比如，虽然我喜欢演戏，但我也选择去参加《百变大咖秀》这样的综艺节目；即使这档节目让我大放光彩，我也深知我还要回归演员的道路；在大家都不去拍网剧的时候，我演了后期收获不错反响的《纳妾记》；再后来好多人都去演网剧了，我主要还是拍电视剧。

这样的辗转不是善变，而是在坚持对自我的不断突破。

在很多人眼里，刷剧是女孩子或者家庭主妇的乐趣，刷韩剧更是小女生的爱好。人们恐怕很难将刷韩剧和一个大男生联系起来。不过，熟悉我的粉丝可能都知道，我喜欢刷韩剧。

曾经有一段时间，我每天一有空就刷韩剧《请我吃饭的漂亮姐姐》。在我看来，刷剧不仅仅是一种放松，更是一种寓教于乐的学习。

不得不承认，韩剧在很多方面是非常优秀的，包括剧本和演员扎实的演技。我喜欢看剧的时候去分析他们的剧本、人物，去揣摩演员对于角色的处理以及对细节的把握等。这对我来说也是一种学习和提高吧。

我后来接拍的很多戏，评价和反响都不错，包括《海上牧云记》《锋刃》。我现在正在拍的戏，我相信也都会不错，因为我知道剧本是好剧本，合作的演员也都是非常认真的演员。

2015-08-27 09:34

朋友应该是雪中送炭而不是锦上添花，你需要我就在，而不是你好我才来。

我深刻地知道，对于一个演员，演技才是护身符。作为演员，爱惜自己的羽毛，本着对这个职业的尊重，一步一个脚印、踏踏实实靠演技走路才会更长久。

我现在成立了公司，在自己稳扎稳打的同时，也努力赚钱培养新人，维护和支持他们的梦想。因为我也是从一个小演员过来的，我知道作为新人的无助和慌张，我体会过那种迷茫和无措，不知道眼下生活指望什么，更不知道自己的未来在哪里。所以现在，我会尽我所能让他们感觉安全，当然在一切水到渠成前他们也需要为自己的梦想努力。

我不知道我们未来的路到底会有多长，也不知道我们会走多远，我唯一能做的就是走好眼前的每一步。

努力做好当下，未来也差不到哪里去。

CAPTIVE
WILD WOMAN
CHOPPING MALL

华清宫

一曲《长恨歌》让世人记住了华清池，知道了华清宫。
穿越千年的烟火，你我都能一睹华清宫的风采，
又是否可以从一草一木、一梁一柱中窥到当年大唐盛世的荣华？

时 12 时 11 时 10 时 9 时 8 时 7 时 6 时 5 时 4 时 3 时 2 时 1

One Day For Me

时 24 时 23 时 22 时 21 时 20 时 19 时 18 时 17 时 16 时 15 时 14 时 13

拾 坚 线

第二现场

小青年的成长岁月

孙 坚 的 24 小 时

10 O'CLOCK

10：00

我是西安人，地地道道的陕西汉子

我出生在西安，一个古老而又美丽的城市。
在这个城市，有我成长的印迹，有我想念的亲人，还有那永远都吃不腻的美味。

2015-08-19 18:11

没有过度美好就没有过度悲伤，没有过度期望就没有过度失望，所以不要夸大也不要掩藏，跟自己对话，跟自己解答。

看我的外形，也许你压根儿想不到我是西安人，想不到我的家乡是在陕西这样一个一说起就让人联想到黄土高原的省份。

我的外形也许有几分江南气质，但我是个实实在在的西安人，是个地地道道的陕西汉子。有时候我想，如果我整体看起来能有我们西安古都的那种厚重、深沉的韵味就好了。也许，随着时间的流逝和经历的渐长，我身上会多一些这样的气质吧。

一提起我的故乡西安，我就感觉有许多许多的话要说，多到我一时之间都不知道该从哪儿说起。那就按照人们惯常介绍一个城市的套路来吧，讲讲城市的历史。

西安的历史那是正儿八经的悠久，民间不都流传着“三千年历史看西安”的说法嘛！西安大雁塔、秦陵兵马俑那是小学生都熟知的名胜古迹，还有唐朝诗仙李白《长恨歌》中的华清池，现代热播剧《大明宫词》里的大明宫……也都在诉说着西安遥远绵长的历史。

西安是十三朝古都，见证了从秦、西汉一直到隋、唐的兴衰。有多少王朝更迭，就有多少风起云涌的大事件在这里发生。这座城市见证过汉唐盛世的鼎盛与辉煌，有过商贾云集、宫阙万栋的盛况。

如今，虽然往昔的荣光已经褪色，但是一段段波澜壮阔的沧桑故事已经积淀出这个城市渗透在骨子里的历史感、文化感，那是一种人世的沧桑，是

容纳的胸怀，是广博的智慧……朴实厚重而不张扬的古都之韵，已经晕染在了这个城市那些知名或者不知名的市井巷陌中。

现在的西安，依然焕发着古韵与今辉相互交织的魅力。在这座城市里，有那么多的名胜古迹，有那么多的大学、学院，还有那么多优质的医院，这里集合了许多重要的、优秀的资源。

说起这些的时候，我是滔滔不绝的，因为这的确是一个美好而吸引人的城市。更重要的是，因为这个城市是我的出生地，也是我在大学之前一直生活的地方，是我在北京时常都会想起的地方。

在这个城市，有我成长的印迹，有我想念的亲人，还有那永远都吃不腻的美味。

听妈妈说我出生在东羊市医院（也就是现在的西安市碑林区中医院），我的小学是立新小学，中学是第八中学，高中是高级中学，我在西安的生活基本就围绕在碑林区这条街的半径之内。

我记得我初中学校附近有很多小吃店，早晨起来以后，我们会去吃胡辣汤。我还记得这里原来有一家饭店，爸爸带我去那里吃过马面鱼，那是我印象中爸爸带我吃饭的唯一画面了。

上学的时候，我最喜欢逛学校附近的文具店，大大小小的笔啊、本啊放在文具店里好像都变得好玩起来，所以我有事没事就喜欢去文具店晃两圈。

手里有钱的时候我就去买西瓜太郎，这大概是那时最开心的事情了。

我离开西安之后，很多年没再去过学校，没去过见证我十几年成长的这条街。直到现在再有机会回去的时候，发现这条街居然没有太大的变化，好多小店都还在，曾经常去的那个麻辣烫店也还在那里驻守，一时之间我竟然有点恍惚。

只是，当我到了八中的时候，突然有一种陌生感。因为记忆当中八中的大门是非常大的，特别宽敞，但是当我又站在校门口的时候，才发现那个门其实远远没有记忆中那么大，甚至小得让人感觉有那么一点局促。

我站在那里，看着校门，好像面对的并不是曾经的那个校门。也许，这就是时间的神奇之处吧。当我们还是小孩子的时候，没见过多少东西，也没走过多远的路，眼前的一切都是新鲜的，看上去大大的。当我们日渐长大，经历了很多事情，到过了许多当时不曾知道的地方，我们的眼界在不断开阔，而当时那些大大的事和物都会显得微小起来，当初对那些事和物的新鲜感也会慢慢褪去，在回忆中像照片一样日渐泛黄。

所以有人说，记忆是靠不住的，每一次回忆都是一次修饰或者说修改，我这次算是体会到了。

而唯一让我觉得一直都没改变的，应该就是西安的美食了。

那些我最喜欢的胡辣汤、肉夹馍、羊肉泡馍、臊子面，无论什么时候去

2015-07-27 14:02

“这世上好人有很多很多个 。如果你找不到，就先让自己成为一个！”

吃，都会让我想起小时候的味道，还是一样的美味，一样的诱人。

我在北京或者其他地方的时候，都会经常想起西安的种种美味，我觉得胡辣汤恐怕是世界上最好吃的早餐，肉夹馍是世界上最好吃的馍……

每次我回家，都会约上同学或朋友把西安的美食吃个遍，这才不枉回去一趟。哪怕是到西安录节目，只要能抽出一点时间，我也会带团队的人一起去找一家好吃的店，我不光要自己吃遍西安美食，还要让他们也品尝一下西安美食的味道。在我的“带吃”下，我们团队的很多人也都爱上了西安味道。

西安有许许多多的好，那是我无法用语言一一说尽的。这座城市在别人的眼里，更多的是几朝古都，是名校云集，但是于我而言，它最重要的身份就是故乡，是我已经离开但又仿佛永远都走不出去的故乡。

西 安 之 美

XIANZHIMEI

大雁塔

小时候学课文，就知道西安有一处名胜古迹叫大雁塔。
在西安的人们大多知道大雁塔音乐喷泉，
但对于大雁塔本身反而少了细细观赏的兴致，
忽略了它的珍贵：大雁塔是现存最早、
规模最大的唐代四方楼阁式砖塔，如今已被列入《世界遗产名录》。

11 O'CLOCK

11：00

幸福，就是一家人在一起

我常奔波于途中，最渴望、最享受的都是家带给我的安定和温暖。

2015-07-21 21:01

有梦做的人是天真的，敢于做梦的人是幸福的。祝：梦想成真。

关于我的家庭，大家或多或少都知道一些。那并不是一个温暖有爱的家，大概人就是这样，越缺乏什么，就越渴望得到什么吧。所以，从小没有得到太多家庭温暖的我，偏偏最向往的就是一个温馨的家，向往家里人的相亲相爱和彼此牵挂。

我喜欢一首也许在年轻人看来老掉牙的歌曲，但是那首歌，几乎写出了我对一个理想家庭全部的想象和渴望：

我喜欢一回家，
就有暖洋洋的灯光在等待。
我喜欢一起床，
就看到大家微笑的脸庞。
我喜欢一出门，
就为了家人和自己的理想打拼。
我喜欢一家人，
心朝着同一个方向眺望。哦……
我喜欢快乐时，
马上就想要和你一起分享。
我喜欢受伤时，
就想起你们温暖的怀抱。

我喜欢生气时，
就想到你们永远包容多么伟大。
我喜欢旅行时，
为你把美好记忆带回家。
我喜欢一回家，
就把乱糟糟的心情都忘掉。
我喜欢一起床，
就带给大家微笑的脸庞。
我喜欢一出门，
就为了个人和世界的美好打拼。
我喜欢一家人，
梦朝着同一个方向创造。哦……
因为我们是一家人，
相亲相爱的一家人，
有福就该同享，有难必然同当，
用相知相守换地久天长。

我说过，我们家过上正常的日子是从继父进入到这个家庭开始的。日子是平凡的日子，一日三餐，睡觉起床，但是因为一家人在一起，所以再琐碎

的事情也多了几分温馨的气息。

当我想要考大学的时候，家里的每个人都支持我，继父还亲自送我来北京。虽然他也从来没有来过北京，我后来猜想，他和我一起搭火车的十二三个小时里，他会不会也有点害怕，毕竟我们都是第一次出远门啊。

当我报班、跑组没有收入的时候，是他们毫不犹豫地用并不高的收入来支持我、鼓励我。北京的房租以及生活的开销对于在西安的他们来说都是很高的，但是他们从未有过抱怨。一切的付出只不过是希望我能生活得安心，工作得更加顺心。

我终于享受到了家庭的温暖。在我的继父出现在生命中之后，我越来越清楚地意识到：幸福，就是一家人在一起。

我是一个家庭观念很重的人，然而我的工作性质决定了我经常是拎着行李箱奔走，于是我更加渴望家带给我的安定和温暖。

这大概和我的妈妈有关系。

我的妈妈一生经历坎坷，但是我从她在家庭里的表现和付出，看到了一个女性在家庭中的重要作用，也看到了妈妈作为妻子、作为家庭的一员是怎样尽心竭力的。

因为我的爸爸，我们一家人颠沛流离、受尽白眼，但是妈妈从未想过放弃，也从未表现出嫌弃。她自始至终都在努力撑起这个家，照顾她的丈夫、她的儿子。

妈妈曾经在采访中说，因为爸爸的缘故，对小时候的我疏于照顾。小的时候，我的确有段时间想不通妈妈为什么那么上心地照顾爸爸，反倒顾不上我，把我寄放在亲戚家里。直到长大了，我才理解了妈妈的不容易，才更加知道她的付出有多难得。

在其他女人享受丈夫关爱的时候，妈妈大多数时间里都在付出，这一切，只不过是因为我们一家三口就是一家人。因为是家人，所以要关心、要照顾；因为是家人，所以绝不可能嫌弃，更不可能放弃。

后来，妈妈和继父享受了十年的幸福生活，可惜十年之后，病魔就降临在继父身上。我的妈妈再次坠入了深渊。

我永远记得那时候妈妈的难过甚至崩溃。她尽心尽力地照顾继父，守在病床前寸步不离。在医生几次宣布救治无望的时候，妈妈依然不放弃。

大概，在妈妈的骨子里，对于家人就是应该无理由地支持。在这一点上，我恐怕就是遗传了我的妈妈。

所以，我们四处辗转求医，哪怕明知道没有治愈的希望，我们也不放弃。那是我们的家人，无论如何，我们都不可能放弃。

那段时间，我们是非常痛苦的，因为不知道什么时候至亲的人就会离我们而去。但有时候，我们也是幸福的。因为面对苦难，我们一家人手拉着手

Stories to
tell you

HARVARD

站在一起，无论前面有多少未知的凶险，我们都一起面对，甚至比以往任何时候都更加坚定，更加信赖和依赖彼此。

不管是在医院，还是在家里，或者在其他什么地方，只要家人在的地方，就是一个温暖的家。

妈妈也在私下里及公开场合都表示过，希望我能早日有自己的家庭。我理解妈妈的心情。虽然我自己也非常享受家的感觉，但是正因为我太知道家对于一个人的重要性了吧，所以我对这件事就更加谨慎。

我知道家对于一个人的重要意义，更清楚一个人在一个家庭中应当扮演怎样的角色、尽到怎样的责任。

作为一个男人，我有义务扛起一个家的重担。所以，从我有能力赚钱之后，我就觉得我的家应该是由我来撑起的。赚钱养家、照顾家人、关心家人，这都是我应该做也必须做的。

我当然渴望事业上有所成就，但是在我心里，无论如何都不能疏于对家的关照。如果你的家人得不到你的关心，你的家人过得不够好的话，你再大的成功、再多的荣耀又算得上什么？甚至，在我眼里，那样的成功根本算不上成功。

说到“幸福”，这是一个非常抽象的词。白岩松有本书就叫《幸福了

2015-06-25 22:22

世界上有人爱吃牛、羊肉，有人爱吃猪肉，也有人爱吃鱼肉、虾肉，还有人爱吃我这个“老腊肉”，我觉得吧，只要努力都是“好肉”。

吗？》，这是一个很大的问题，但又可以细化到很多具体的问题中。

究竟什么是幸福？不同的人会有不同的答案。

我们不是这方面的专家，无法去定义和测量幸福感。我们能做的只有用心去感受幸福，因为幸福本身就是一个主观的情绪。

我们会因为自己的成功而幸福，也会因为家人的开心而幸福，甚至会因为与他人的比较而幸福。

与之对应地，我们也会因为攀比，而产生不幸福的感觉。很多时候，这种情绪是无法控制的。

我们都渴望幸福，但好像幸福又不完全掌握在我们手中。幸福可以是鲜花和掌声，也可以是家人的健康，可以是很多很多。

我也曾在很多不同的场合和不同的时刻体会到幸福的感觉。但如果要我来谈幸福，我觉得最简单的幸福，最幸福的幸福，就是一家人在一起。

一家人在一起，高兴的时候一起欢笑，不开心的时候也可以一起面对，无论什么时候遇上什么事，只要一家人还在一起，就是最大的幸福。

钟楼鼓楼

地地道道的古建筑，凝结了无数古代劳动人民的智慧。
现代的都市，再也听不到晨钟暮鼓，
而至今矗立的钟楼、鼓楼依旧会倔强地挺立，
默默地诉说着这个城市悠久的历史与传说……

12

12
O'CLOCK

12：00

如果可以，我想把全世界都送给她

妈妈在哪里，家就在哪里，你来养我小，我来养你老。

2015-06-23 08:15

有皱纹的地方，代表开心曾在那里待过。

如果可以，我想把全世界都送给她。

没错，她就是坚果们所称的“王小姐”——我的妈妈。

我不知道在大家的眼里，我的妈妈颜值几何。但在我的眼里，妈妈无论是年轻时，还是现在，抑或是未知的将来，永远都是最美的妈妈。

在公众的视线里，我的妈妈是那样任性而恣意地活着。她游走在世界各地的繁华与美丽中，享受着儿子对她的孝顺甚至是宠爱，她是多么幸运而又幸福的女人！

可是，只有我知道，我的妈妈曾经经历了多少普通女性都不曾经历的苦难和心酸。只有我知道，妈妈为我付出的，远比我为妈妈做的多出太多太多。

妈妈和爸爸都是普通家庭出身，但他们都很勤劳。妈妈说，我很小的时候，他们开小饭馆，收入还可以。

当然，经营小饭馆是非常耗费心力的。零七碎八的大小事务都靠爸爸妈妈两个人来打理。西安的冬天很冷，再加上那时候取暖条件很差，妈妈整天操持打理饭馆，脚都被冻得化脓、溃烂。

虽然辛苦，好在收入还不错。但后来爸爸做生意失败，妈妈作为这个家的女主人，自然跟着承受了非常大的压力。

再后来，父亲便走上了一条不归路。整个家庭的重担全都压在了妈妈一个人瘦弱的肩膀上。我们每天不是被房东赶，就是被债主催，为了每日的柴米油盐而发愁，也为每天的居无定所而焦虑。

有一次，爸爸与人打架，对方拿着刀冲进我家，扬言要砍我爸爸。可没想到，对方竟然一刀砍在了妈妈的腿上。直到现在，那条因砍伤留下的疤痕依然清晰可见。那条疤在妈妈的身上，也在她的心上，铭刻着妈妈本该朝气蓬勃的青春年华里最沉重的苦难与无奈。

有一次，妈妈实在不堪其扰，夺门而出跑到了街上。我清楚记得她凌乱的头发，不整的衣衫，任我怎样呼喊她都毫无回应。看着妈妈近乎疯狂的崩溃和狼狈，我心里害怕极了。我在想：我的妈妈不会就这样疯了吧？

本来爸爸就需要我们照顾，在妈妈忙得无法抽身时，我经常要踩着三块砖头才能够到灶台来给爸爸做饭。如果妈妈疯了，我不仅要照顾爸爸，还得照顾妈妈，我该怎么办？以后的日子要怎么办？

那时候的妈妈，大概每天都在崩溃的边缘徘徊吧。

她那么多年里日复一日要面临的压力何其之大，没有亲身经历过的人恐怕永远不会懂得。哪怕是跟妈妈一起走过来的我，都无法真正做到感同身受，她所遭受过的、承受过的，远比我想象的多得多。

而我，当时年纪尚小，根本无法为她分担什么，甚至连理解与宽慰都做不到。

我那时甚至对妈妈有过埋怨。因为生活的艰辛已经让妈妈疲于应付，她对我的关心自然会比其他的妈妈对自己的孩子少那么一些。妈妈不仅要工作来维持家里的日常开销，还要照顾身体日益变差的爸爸，因此我经常被寄养在亲戚家里。

我的亲戚们对我都很好，尤其是我妈妈那边的亲戚，但再亲的亲戚也总比不上自己的亲爸亲妈。所以我总是特别不理解妈妈，甚至对她发难：“你总是管爸爸，为什么就不能多管管我，让我回自己的家呢！”

后来我长大了，才对妈妈当时的处境有所理解。她也很想过一家三口的幸福生活啊，可是她一个人做不到；她也想参与儿子成长的每一分、每一秒，但是，她的时间只允许她来赚钱支撑这个几近支离破碎的家。

她的为难，她的不得已，那时的我根本不懂。这件事直到现在想来，我都觉得抱歉和惭愧。

当时年幼的我无法与妈妈共同面对生活的苦，虽然这也不是我的错，但我很抱歉。既然现在我懂了，明白了妈妈的不容易，我就要拼尽全力去对她好。

后来，妈妈遇到了我的继父老赵，才终于过上了平静而幸福的日子。没承想，好景不长，继父被确诊为脑瘤，妈妈的幸福生活又被打破了。

一个女人，两次经历丈夫的离开，我真的为妈妈感到心疼。

妈妈在前半生最美的年华经历了最沉重的苦难，所以我要加倍弥补她。

她年轻时不曾得到的，我要让她在后半生全部拥有，而且要拥有更多更多。

在艰难的日子里，我和妈妈相依为命，熬过了生命中的苦寒之冬。是妈妈的爱，让我成长为一个健康而阳光的人。所以，在我的眼里，再好的东西、再多的孝心都不足以慰劳妈妈对我的付出。

所以，只要有条件，我就带妈妈去世界各地旅游，让她看最美的风景，买最喜欢的东西。

我的微博里，有很多妈妈的照片，我可以算是一位“晒妈狂魔”了。无论旅游、工作还是购物，我都经常和妈妈一起。珠宝、手表、皮包、服装，只要遇到适合妈妈的，我都会立即“拿下”送给她。不拍戏的时候，我就会抽时间去看她。到国外工作，行程允许的话我也会带上妈妈。

我忙的时候，妈妈就自己去逛街。有一次，我在酒店起床去叫我妈，发现她不见了。给她打了电话我才知道她已经去外面逛商场了。当时我还发了条微博说：“我苦哈哈整理完自己的行李箱，又整理我妈的行李箱，现在带着4个行李箱去商场接我妈再去机场。”

嘴上说着苦哈哈，但其实我特别开心。妈妈现在终于可以按照自己的心意去生活了，她终于可以享受生活甜蜜的一面了，这真的是我人生中最幸福的事情了。

2015-03-02 05:52

小时候总觉得以后会有更好的，长大后总觉得以前拥有的是最好的。

因为我经常“晒妈”，于是有人质疑我是不是“妈宝男”，怎么走到哪里都带着妈妈。

最开始听到“妈宝男”这个词的时候，我有些不舒服，不过后来想想也没什么。

我只想说有妈的孩子是块宝，请珍惜。而且我只有妈妈了。我努力到现在，有了一定的物质基础，工作条件也允许，所以我当然要带着妈妈看世界。我不仅要带她看世界，我还要把世界上最好的东西都给她，我妈说的一切都是对的，我从不跟她犟嘴，我还要惯着她，让她重新做回一位少女，弥补她年轻时所有受过的伤。

孝顺父母，本来就是天经地义的事情。更何况，我的妈妈为我付出那么多，我给予她再多的爱都不过分。

有一阵子，西安的治安不是太好，再加上我那会儿已经走入公众视线，算小有名气，于是妈妈在家经常半夜遭到骚扰。不论对方是出于劫财还是其他的什么目的，妈妈一个人在家，自然很害怕，经常是自己拿着刀吓得战战兢兢。

后来，我们买了新房子，搬到了新家。因为工作的缘故，我只有很少的时间能待在西安。但是为了给妈妈一个完美的家，我给妈妈在西安买的房子里，大到装修、家具、电器，小到锅碗瓢盆都是我亲自置办的。

我只想让我的妈妈永远过着岁月静好的日子。

人家都说“闺女是妈妈的小棉袄”，我希望我的妈妈没有女儿也能享受到小棉袄般的贴心和温暖。

很多人都是对外人很好，把坏脾气都留给家人。但我不一样，跟我越亲近的人，我对他们越好。我不太需要别人在乎我，用一句很俗的话形容，就是我不是花钱讲究排场的人，但我舍得花钱给最亲近的人。

生活中，我要做最成功的孙坚。对亲近的人，我会尽到自己所能想到的一切责任，不要让生活有遗憾。工作、朋友、家人，我没有排列顺序，我要求三者在我心里并行，同步往前走。

从小不论遇到什么事，只要妈妈的一个拥抱就能让我感到温暖踏实，我抱着她，就好像拥抱着全世界。小的时候，我想替妈妈分担生活的苦难，但是我做不到，只能留待将来。

爸爸去世那年，妈妈非常难过。我知道妈妈喜欢红色，过年的时候，我就跟妈妈说：“妈，你买个衣服吧，咱穿个红色的。”当时周围还有人反对，我对她说：“虽然爸爸走了，但我觉得他看到你的时候肯定希望你是高兴的！所以不要管别人怎么说，只要你开心就对了。”

我希望妈妈能够开心一点，那抹红色大约是那段灰色日子里唯一的亮光了。

我记得有一次妈妈要骑自行车载我，我就跟她说：“妈，你现在载我，

我将来载你！”现在的我，终于有能力“载”妈妈了。

妈妈曾经那么辛苦，现在我只想回馈妈妈。为妈妈花的钱都是我辛苦挣来的，但只要我能做到，哪怕妈妈想要星星，我都会摘给她。

就像俗话说的，你来养我小，我来养你老。我非常感谢妈妈长久以来对我的鼓励和支持。现在轮到我来给她依靠、给她拥抱了。

我带妈妈去参加节目，一方面是想带着妈妈看世界，另一方面也希望有更多人了解我的妈妈，希望妈妈能够找到一个好的归宿。希望，除了我，再多一个男人来疼爱她。

如果说我现在的努力是为了完成自己的梦想，是为了做一个更优秀的演员、一个更优秀的人，那我最初的努力就只是为了妈妈。

我忍着辛苦去赚钱，就是为了让妈妈能够减轻负担，哪怕只是一点点。我拼尽全力去努力，就是为了长成让妈妈骄傲的儿子，让她过上更好的生活，让她因为我的存在而觉得自己的人生是有所依靠、有所仰仗的。

我想大声对妈妈说一句：王小姐，你只管貌美如花，有我赚钱养家。

附上2016年录制完《带着爸妈去旅行》后我写给妈妈的信，以表达我对妈妈的爱。

是的，世上只有妈妈好，有妈的孩子像个宝。

2015-02-15 22:48

我们生活的世界不是童话世界，但希望我们的精神如童话般干净。

妈妈：

（此处请自行想象陕西方言）见信微笑，天天在一起的两个人竟然写起了信，实在有些做作，可是有些话，确实得落在笔处，因为张不开口。

昨天是节目播出的最后一期了，这是被“特殊记录”下来的一次旅行。这可能就是我说服你来参加节目的初衷。或许在很多年之后，你可能走不了那么多地方了，我们还可以在家里回顾这些影像记录的点滴。一个人和另一个人相处的时间顶多三万来天，但是这段影像可以永久地保存下来。

节目播出这么多天，你一期完整的都没有看过。因为最初看节目的时候，你觉得自己老了，满脸都是皱纹，表现得也不好。我想跟你说，其实，这个节目我每一分、每一秒都仔仔细细地看过，你表现得好极了。你很真诚、很善良，你的美是这世界上独一无二的美。我以前做了许多节目，有可能会让人喜欢，有可能会让人质疑。通过这次的节目，更多的人了解到了真实的我，因为在你的面前，我一秒都演不了。

节目刚开始录制时，咱俩都很“敏感”，因为别人的家庭都是三个人，而我们只是两个人。以前一直觉得，我们的世界满满的，但有了对比以后，才发现我们的世界其实一直少了一个人。开始录制时，你一直在努力装“无所谓”，我一直在努力装“感受不到”。有一次采访，你说到了那句：“我们家只有两个人……”你哭了，我也哭了。其实我们一直都知道，那是我们“最脆弱”的地方。后来，我们私下认真地谈了一次话，我们都对对方说：

2014-12-03 11:33

你好好拍戏，好戏就会找你。你好好做人，好人就会找你。你好好做事，好事就会找你。

“有你就够了，有你就是家。”

咱俩都属猪，人们都说“属猪的人有福气”，可是这是我从小的问号。我3岁的时候，爸爸染上了大烟（也就是现在说的毒品），那时的我什么都不懂，不知道你们为什么天天吵架。长大后我渐渐明白了一切，也理解了妈妈这些年有多么不容易。这是苦难。记忆中，我的童年里咱们没有一家人一起去过公园，没有一家人一起逛过街，没有一起过过生日，几乎没有一切。

可是，好在我有妈妈，我有你，你让我坚定了一件事情：内心必须阳光。我要向世人证明，那句俗语“爸爸是什么样儿，儿子就是什么样儿”是错的。我爱我爸爸，可是那种居无定所的生活我确实厌烦透了。家里最贵的竟然是一张床板，其他的都被他卖光了。房东永远在赶我们走，我们只能不停地搬家。16岁那年，爸爸因为吸毒去世了。我跟你像走过黄泉路一样投胎重新做人，接下来我发誓我要拉着你的手一起过上好日子，我要快点长大，快点养家。

后来，你遇见了老赵（此时继续陕西话脑补）。你们两个人一起打拼，让我像别的孩子一样北漂、考学、上中戏，让我剪得起15块钱一次的头发，买得起随身听……我终于过上了自己想象中的生活。可好景不长，10年过去了，老赵因为重病不在了，天又塌了……

妈妈，你年轻的时候跟着爸爸吃苦，放在一般人早就离婚了，可是你并没有放弃过爸爸。后来你又陪伴老赵，直到他临走前的最后一刻，都是妈妈你一人在病床前端屎端尿……

或许你并不伟大，可是你在爱情面前是一个巨人。

虽然家里没有了靠山，但是那个男孩在逐渐长大。很多人都说我老在微博、微信里晒你的照片，说我是“妈宝男”。没关系，我只是想努力地去弥补你失去的那一部分幸福。现在大家都称你为“王小姐”，还有人说我“炫富”，总给你买贵的东西，我承认，如果我有能力，我想把全世界都买给你！你一直很要强，我知道，没有天生的女汉子，也没有天生的女强人。你一辈子没靠男人，但我想，我要让你依靠。

不知道有没有来生，掐指一算我们估计还能相处1万来天。妈妈，给我个机会让我来当你的长辈，你当孩子，重新活一次，青春重来，弥补遗憾，任性撒野，让我来好好照顾你。你继续发挥你的特长，一进商场像脱缰的野马，那时的你年轻极了。商场如战场，你继续买，我继续埋单！

还有，属猪的人命真好！

儿子：孙坚

2016年4月11日

南门

西安南门又称南天门、永宁门，是西安古城四门之一。
如今的南门，高楼林立，灯火璀璨，俨然一幅大都市的繁华景象。
这里集中了西安众多的商业综合体，在这里，
西安的古都韵味与当代辉煌交相辉映。

12

13
O'CLOCK

13：00

童年，给自己一个乌托邦

几乎每个人的人生当中，都有一次伤痛、流泪或者挫折，可以让我们在瞬间长大。

2014-11-04 20:22

有爱的世界里一切都是阳光的、快乐的，所以让我们都怀着有爱的心和眼看这个世界吧，这样你会快乐。

童年，在很多小孩儿的眼里，是用多么美好与华丽的辞藻都不足以形容的幸福时光。童年，几乎是与天真烂漫、无忧无虑联系在一起的。提到童年，大多数人都会沉浸在无限的怀念中。

我的童年与五彩斑斓联系不到一起，更与天真幸福扯不到一块儿。如果用一个词来形容我的童年的话，我想是“毁灭”两个字。如果用一种颜色来描述我的童年，我想，大概是灰色吧。

我没有用黑色来形容，只是因为在童年的那片阴霾之下，庆幸，还有最疼爱我的妈妈的陪伴。

我对自己三岁之前的日子几乎是没有任何记忆的。

妈妈说，我三岁之前很幸福。或者说，我三岁之前有一个幸福的家。

像其他所有幸福的家庭一样，爸爸妈妈感情和睦、事业顺利，家庭经济条件也很优渥。在我小小年纪的时候，爸爸妈妈就带我去过了很多地方，上海、南京、苏州……只可惜，那时的我，没有那么强的记忆力来保存那仅有的美好。

我很渴望像很多人一样，拥有“记得当时年纪小，你爱谈天我爱笑”的天真和纯粹，但越是渴望的东西往往越是得不到，越是渴望越是代表了内心深处的匮乏。

从记事起，我就在父母的争吵及不断搬家的颠沛流离中度过。我缺乏家庭的温暖，缺乏安全感，甚至缺乏一个最基本的、可以真正容身的、可以安

稳睡觉的房间。

三岁，在我还是一个没有记忆力的小孩儿时，我经历了人生的第一个大转折。

我从一个温暖幸福并且比较富裕的家庭，坠落到一个满是争吵、时时与贫穷为伍的家庭，我也从一个沉浸在幸福中的孩童成为一个浸泡在苦难中的小孩儿。

爸爸妈妈本来是做小生意的，虽算不上大老板，但是收入也很可观，在当时算条件不错的了。在他们有了一定的积蓄之后，爸爸觉得这样很辛苦，就想着拿这些钱做其他生意。不想，不幸就在爸爸这次生意失败之后接踵而至。

因为生意上的挫败，爸爸赔光了之前和妈妈辛苦多年赚来的全部积蓄，他也因此承受了很大的经济压力和心理压力。

就在这个不幸的时候，爸爸又更加不幸地染上了毒瘾，从此便坠入深渊，一次又一次坠落，直到无力自救，也无法被救。

因为走上这条不归路，父亲败光了全部家产。

别人家穷，还可以用家徒四壁来形容，而我们连只剩四壁的家都没有了，我们真的一贫如洗。最困难的时候，家里最值钱的东西就是一张床板。

从此我的生活里有的就是父母的争吵、债主上门催债、我们不断地搬

家……我能记住的除了妈妈的隐忍、辛苦，和我们一家的贫穷、挣扎，再无其他。

在我的童年记忆中，我有爸爸，我有妈妈，但是，很遗憾，我没有一个真正意义上完整的家，没有幸福的童年生活。

我人生中最苦恼的几件事之一，就是有关童年的回忆。

我很羡慕其他人有那么多美好的儿时回忆，而我除了一些非常不愉快的片段，我的童年回忆几乎是空白的。

我最怕别人问我你小时候最喜欢干什么，或者小时候最喜欢和谁玩儿，因为我对初中之前的日子基本是没有连贯记忆的。

一切有关小时候的记忆于我而言都是极其模糊而接近空白的。我曾经十分苦恼，为什么我对自己的小时候没有记忆，难道我失忆了？为此，我还专门去看了心理医生。

心理医生说，我不是失忆，也不是心理问题，只是小时候不断搬家，不断面对陌生的环境造成了我记忆的混乱。

由于爸爸的问题，我们总是遭到别人异样的眼光。经常是在一个地方刚刚落脚，房东知道了爸爸的情况便让我们搬走。我们没有自己的房子，只能再去其他地方租房，好不容易安顿下来，房东知道后，我们就只得再次搬走。

我只是镜头里的演员，做不来生活中的演员。

就这样一次次搬来搬去，我还没记住一个地方，我们就又搬到了另一个地方，导致我最终一个地方都没记住。

对于童年，要说我没有一点委屈那是不客观的，但要说怨言的话，好像也没有。

尽管因为爸爸的问题我们遭到了别人异样的眼光，但是妈妈始终没有放弃他。而我虽然讨厌这样的日子，但爸爸还是我的爸爸，在妈妈没时间的时候，我还要照顾爸爸，给爸爸做饭。

我们一家就这样一直漂着，居无定所。虽然看上去也是一家三口，每天也都是柴米油盐酱醋茶，但过的完全不是幸福人家有烟火气的日子。

我跟着爸妈一起漂泊，今天搬家明天搬家，后天被寄养到舅舅家，大后天被寄养到姨妈家，大大后天就可能要被寄养到姑姑家。

这样的日子一直持续到我16岁。

那是1999年农历二月二，龙抬头的日子，也是爸爸离开的日子。

我清楚地记得那天我是寄宿在舅舅家的，接到妈妈的电话，我知道爸爸去世了。我推起自行车就往家赶。

人们面对父亲的去世，大都是犹如五雷轰顶，难过到不能自已。因为，在一个正常的家庭里，父亲就是天，父亲走了，天就塌了。

而我在骑车回家的路上，脑袋里却没有那种在强烈刺激下的发蒙或者狂躁感，我脑子里甚至有两个念头在清晰地交互出现，不断掐架。

我一方面因为爸爸的离开而难过。毕竟，他是我的爸爸，是我的亲生爸爸，是妈妈的丈夫，是我们一家三口不可缺少的一个成员。不管他在生活中有多么狼狈和不堪，他都是我的爸爸，他离开，我不可能不难过。

但难过的同时，一个念头也不断在我脑海里闪现：爸爸离开了，这一切是不是就都过去了？这样糟心的生活是不是就这样结束了？我和妈妈是不是可以开始新的生活，可以过上正常人的日子了？

冒出这样的想法，我也觉得有点不可思议。我告诉自己，我不应该有这样的想法。但这个念头还是不断地出现，无法控制。

我知道，这样的想法如果说出来，一定会被很多人所不齿。因为，离开的那个人，他可是我的爸爸啊！

但是，我已经过怕了那种颠沛流离、遭受别人异样眼光的日子，真的，我过怕了。

我不舍得父亲离开，但也不得不承认，我想结束那样的生活，而且，非常想。

也许有人会觉得我这样想很冷漠、很自私，但是，很抱歉，那就是我当时真实的想法。

我承认，这样的想法是有一定的私心在里面，但是没有切身体会过那种居无定所的苦楚和那种随时揭不开锅、交不起学费的心酸，还有那种质疑的

眼神和那种有意无意的疏离，以及一切你想象得到和想象不到的困难，你可能真的无法理解我的那点私心。

我真的太想结束那样的日子了！我太想过正常人的日子了！

很多人的成长或者蜕变，都是因一件大事的发生而促成的。几乎每个人的人生当中，都有一次伤痛、流泪或者挫折，可以让我们在瞬间长大。

著名作家林海音在《城南旧事》里以童稚的眼光书写了她童年的点滴记忆，有美好，也有属于小孩子的哀愁。

给我印象最深的就是那篇记录她成长瞬间的《爸爸的花儿落了》：

快回家去！快回家去！拿着刚发下来的小学毕业文凭——红丝带子系着的白纸筒，催着自己，我好像怕赶不上什么事情似的，为什么呀？

进了家门来，静悄悄的，四个妹妹和两个弟弟都坐在院子里的小板凳上，他们在玩沙土，旁边的夹竹桃不知什么时候垂下了好几枝子，散散落落的很不像样，是因为爸爸今年没有收拾它们——修剪、捆扎和施肥。

石榴树大盆底下也有几粒没有长成的小石榴，我很生气，问妹妹们：

"是谁把爸爸的石榴摘下来的？我要告诉爸爸去！"

妹妹们惊奇地睁大了眼，她们摇摇头说："是它们自己掉下来的。"

我捡起小青石榴。缺了一根手指头的厨子老高从外面进来了，他说：

“大小姐，别说什么告诉你爸爸了，你妈妈刚从医院来了电话，叫你赶快去，你爸爸已经……”

他为什么不说下去了？我忽然觉得着急起来，大声喊着说：

“你说什么？老高。”

“大小姐，到了医院，好好儿劝劝你妈，这里就数你大了！就数你大了！”

瘦鸡妹妹还在抢燕燕的小玩意儿，弟弟把沙土灌进玻璃瓶里。是的，这里就数我大了，我是小小的大人。

我对老高说：

“老高，我知道是什么事了，我就去医院。”我从来没有过这样的镇定，这样的安静。

我把小学毕业文凭放到书桌的抽屉里，再出来，老高已经替我雇好了到医院的车子。走过院子，看那垂落的夹竹桃，我默念着：

爸爸的花儿落了。

我已不再是小孩子。

目睹父亲的花儿落了，经历了父亲的逝去，《城南旧事》里的小英子一下子长大了。

但我，似乎早在好多好多年前，甚至在有了记忆之前，就不再是小孩

子了。

我曾经试图回忆我长大的瞬间，回忆我幸福童年的终点。

但是，一无所获。

大概，从我记事起，从我三岁之后，我真正意义上的童年就结束了，我就不再是小孩子了。

因为，从我记事起，我的童年里除了与妈妈偶尔的温馨点滴之外，便再没有任何与幸福有关的记忆了。

因为，从我记事起，脑袋里充斥的就是极度的不安全感。我渴望长大，不是像其他小孩子那样想长成大人做大人能做的事。我渴望长大，只是不想再过眼前不像日子的日子。我渴望长大，只是希望可以拥有不一样的生活。

因为，爸爸的花儿还没落，我就不再是小孩子了。

名人故居

西安作为古都，名胜古迹数不胜数。
作为一个历史底蕴深厚的城市，西安自然也滋养了许多的人才。
在西安，有许多的名人故居，韩湘子故居、于右任故居、高岳崧故居……
在一砖一瓦间记录着属于这个城市的辉煌历史与文化底蕴。

14

14
O'CLOCK

14：00

生活，总得有点苦

成年人的生活中，奋斗就是主题。
而成年的男人，更要奋斗，因为他们的肩膀撑起的是一个家。

2014-03-17 09:34

少说话，多做事。

男人是一把伞，凡事都得撑着。

已经想不起第一次是在哪里看到这句话的，只记得看到的一刹那就深以为然，恨不得频频点头称是。可以说，我从看到这句话开始就记住了它，并且从内心觉得，男人就该这样。

在我的认知里，男人就应该是一个家的擎天柱。但是很遗憾，在我的成长经历中，我最初的家是缺失这个擎天柱的。所以，我们的家才有了妈妈并不幸福的第一段婚姻，以及我并不开心的童年。

我曾经想象过，如果我像其他小孩儿一样快乐地长大，如今会是什么样子？但是世界上没有如果，我也不知道如果中的我究竟会是怎样。

反倒是这种特殊的成长经历，让我早早地就学会了适应，适应随时随地的变化，也适应随时随地的困难，不去抱怨，更不去怨恨。

因为，我打小就知道，恐惧、担忧或者怨恨，通通都不能解决问题。我唯一能做的，就是凡事撑着，撑过去就好了。

6岁的时候，看着妈妈被人砍伤，我陪妈妈一起去医院缝针。见过了血淋淋的场面，医院和缝针好像也就没那么恐怖了。

因为爸爸的事情，我成了派出所的常客。我曾经在监狱里陪过爸爸，一个连班房都“进去过”的人，再碰到这样的场面也就能淡然处之了。

…………

第一次碰到这样的事情时，我也害怕。但是害怕又能怎样，我改变不了什么，只能撑过去。撑过去，一切就过去了。

我人生第一次崩溃，应该要算爸爸去世了。

我之前讲过关于爸爸去世的事情，我的心情是矛盾的。但是，爸爸毕竟是我生命中很重要的亲人。所以对他的离去，我不可能无动于衷。

但是，爸爸去世，我没有和同学说。照旧吃饭、上学、放学、睡觉。

直到有一天放学，我和最要好的朋友爬上城墙。突然的放松让我强忍许久的若无其事终于瞬间崩塌，我哭了，面对着西安的古城墙，我号啕大哭。

朋友问我怎么了，我才说，我的爸爸去世了。

印象中，这是我唯一一次在别人面前因为难过而哭泣。

哭过了，就将一切收起来。因为我知道，现在我是我们家唯一的男人了，我要替妈妈撑起这个家。或者说，我要和妈妈一起撑起这个家。

失去了爸爸，我便一直告诫自己，我就是这个家的擎天柱，就是这个家遮风挡雨的伞。

所以，就有了我高中时的辍学，有了我一天站12个小时的打工经历，有了我不到一年就晋升为店长的小成绩。

我想要做得更好，想要给这个家撑起一片更大更晴朗的天。

所以，又有了后来的北漂考学，住几十人一间的地下室，大冬天用凉水

RAMONES

SBN
专业上门
89664125
维修安装
89664125
空调保养加冷媒
89664125
150 0298 7399
国美 专业维修
82238385 82238385
空调保养加冷媒82238385
通下水道
189 6685 5110

SBN
专业上门
89664125
维修安装
89664125
150 0298 7399
空调保养加冷媒
89664125

洗头……说起来有点心酸，但当时好像也没特别在意，在我的字典里，“撑着”已经成为了一个常用词。

再后来，事业遇到了低谷。怎么办？还是撑过去啊。

唯一一次让我觉得快要撑不过去的是继父生病。

继父的出现，就像是清晨的一缕阳光，没那么炽烈，却给妈妈和我的生活带来了一线光明和希望。

从此，我们的家过上了正常的生活，平淡却安心。继父给了妈妈应有的幸福，也给了我很多关爱和支持。

在我第一次去北京的时候，是继父陪着我到了这个陌生的地方。在我需要经济支持的时候，也是继父和妈妈全力支持着我。

我以为妈妈终于可以这样一直幸福下去了，不承想，病魔却向我的继父伸出了魔爪。

医生宣布结果的时候，我几近崩溃，但是很快，我就调整过来了。继父患病，他和妈妈的依靠就是我，我不能倒下。

于是，我一面收拾崩溃的心情，一面在医院间奔波，一面在微博上四处求助。

多少次继父被宣布病危，多少次我们一家人互相搀扶着挺了过来。在一次次等待命运的宣判中，我更加懂得撑着的意义。

然而，继父还是走了。我很难过，但我必须撑着，因为还有妈妈，还有弟弟（继父的孩子），他们都需要我。

再后来，无论工作上遇到什么困难和不顺，我都撑过来了。那么艰难的时候都过来了，还有什么事是撑不过去的呢?

有一段时间，我喜欢听一首歌。与爱情无关，只是喜欢歌里面那种一切都会平息、一切总会过去的信念：

我的小时候，吵闹任性的时候，
我的外婆总会唱歌哄我。
夏天的午后，老老的歌安慰我，
那首歌，好像这样唱的：
天黑黑欲落雨，天黑黑黑黑……
离开小时候，有了自己的生活，
新鲜的歌，新鲜的念头。
任性和冲动无法控制的时候，
我忘记还有这样的歌：
天黑黑欲落雨，天黑黑黑黑……
我爱上让我奋不顾身的一个人，
我以为这就是我所追求的世界。

然而横冲直撞被误解被骗，
是否成人的世界背后总有残缺。
我走在每天必须面对的分岔路，
我怀念过去单纯美好的小幸福。
爱总是让人哭，让人觉得不满足，
天空很大却看不清楚，好孤独。
天黑的时候，我又想起那首歌，
突然期待下起安静的雨，
原来外婆的道理早就唱给我听：
下起雨也要勇敢前进，
我相信一切都会平息。
我现在好想回家去，
天黑黑欲落雨，天黑黑黑黑……

大唐不夜城

相比于西安的古老，这里的一切都是崭新的。
大唐风韵与现代时尚融合在了一起，它甚至被誉为中国的“盛唐天街”。
在这里，既能看到大唐盛世风光绮丽的画面，
也能看到一个现代都市丰富多彩的景象。

15

O'CLOCK

15：00

学会面对，就是成长

春夏秋冬的交替谁能改变？没有人能逃过冬的严寒、夏的酷热，
也没有人不会经历苦难，唯一能做的，就是面对。

一个人并不是生来就要给打败的，你尽可以消灭他，但就是打不败他。

——海明威《老人与海》

我喜欢《老人与海》里面海明威写的这句话，因为我知道，一切打不倒我的，终将让我更强大。

对于一个十几岁的孩子来说，衡量成功和失败的往往是一次考试，或者一次比赛，至于“消灭”“毁灭”这样的字眼，基本都是存在于文学作品中的。

但是对我而言，消灭和毁灭是我经常需要面临的切实问题。

在我还不满十岁的时候，就见过了许多“大场面”。

一次，爸爸为躲避警察，从房顶上逃跑。警察找不到爸爸，就找到学校，向还在上小学的我询问。

老师不放心，和警察吵起来。我特别淡定地对老师说：“没关系，我去。”

当时的我，第一次面对这些事情的时候，不可能不害怕。但是，害怕又能怎样呢?

家里除了爸爸就是我和妈妈，爸爸的所有事情，我和妈妈都不得不面对。

RAMONES

我看着爸爸和人打架，见多了也就不再那么害怕了。

替爸爸去派出所配合调查，经常一去就是一两天。这些近乎匪夷所思的事情，对我来说，不过是生活的一部分。

所以，我虽然胆子不大，但是好像不管遇上什么事情，都不太会害怕了。

就像不停在暗夜穿梭的人，就算一开始再害怕黑暗，走多了也就习惯了。

因为父亲的缘故，我们经常会遭受别人异样的眼光，在生活中也会有非常多的阻碍和不便。常被房东赶走就不用说了，这不过是家常便饭。印象最深的，是我那时没有户口。因为所谓的家里底子不好、底子不清，所以哪个派出所都不收我，我也就一直都没能上户口。我印象中连上学都是拿着粮本去报名的。

在学校，有的老师对我一视同仁，但也有老师不是这样。

这些，我都习惯了。

我们连自己的生活都无法选择，又怎么可能要求别人以怎样的态度来对待我们呢?

我不想说什么感谢苦难，更不想说什么苦难造就了我现在的成功。苦就

是苦，难就是难，苦和难永远都成不了甜蜜的回忆。

我也清醒地知道，不是所有尝遍辛苦的人都能迎来甜蜜的转折。而我，也并不是一个面对苦涩生活却甘之如饴的人。

但我更加清醒地知道，再苦再难，你都必须迎难而上。

因为，这就是生活。

大唐芙蓉园

大唐芙蓉园，名字雍容华贵，景致也很独特。
只不过，这里于我是比较陌生的。
它不属于我记忆的一部分，却着实是现在的西安的一部分。
这里的精致，多是现代的人造精致，但它依旧在一定程度上还原了大唐气韵，
让现代人有机会体验一把大唐文化。

16

O'CLOCK

16：00

我的青葱岁月

明天将会发生什么，有无限的可能。
而这种可能代表了希望，但它本身也是一种未知。

人们都说一日之计在于晨，我也喜欢清晨的明媚和透亮。毛主席他老人家说过，青年人是早晨八九点钟的太阳。可见，早晨八九点是一个多么生机勃发的时刻。

人之于青少年，大概就相当于太阳之于八九点吧。

“青少年”，是一个听起来就充满力量与希望的词汇。多少年轻人，在学校读着《少年中国说》，遥想着未来：

> 使举国之少年而果为少年也，则吾中国为未来之国，其进步未可量也。使举国之少年而亦为老大也，则吾中国为过去之国，其澌亡可翘足而待也。故今日之责任，不在他人，而全在我少年。少年智则国智，少年富则国富；少年强则国强，少年独立则国独立；少年自由则国自由；少年进步则国进步；少年胜于欧洲，则国胜于欧洲；少年雄于地球，则国雄于地球。红日初升，其道大光。河出伏流，一泻汪洋。潜龙腾渊，鳞爪飞扬。乳虎啸谷，百兽震惶。鹰隼试翼，风尘翕张。奇花初胎，矞矞皇皇。干将发硎，有作其芒。天戴其苍，地履其黄。纵有千古，横有八荒。前途似海，来日方长。美哉我少年中国，与天不老！壮哉我中国少年，与国无疆！

有时候我就在想，人和人的境遇、天资都不同，而这些所有不同的组合就导致了人思想、境界等的不同。

1001处自然奇观
逃离尘嚣的旅行
文豪之家
KYOTO
京都
漫步
Furniture Can Talk
如果家具会说话
BURBERRY

远离尘嚣的旅行
1001处自然奇观
远离尘嚣的旅行
东京一年
Ciao!
阳光下的意大利
北海道
HOKKAIDO
日本不思议
Japan
邮轮旅行秘笈

有的人从小就有建功立业的宏愿，有的人顺遂天性自在地生活，但也有的人每天为了生计而担忧。坦白讲，青少年时期的我没有什么远大的梦想。曾经，当我和小伙伴在西安交大嬉戏的时候，我的梦想也是上大学，而且还是上交大。在当时的我眼里，交大是最美的大学，是最理想的大学校园。

然而，窘迫的生活中，不是搬家，就是想办法缴学费，梦想于我而言似乎成了一种奢望。

我在西安八中上初中，学校校风严谨，老师严厉。我那时候的生活，和大部分孩子一样，每天就是上课学习，放学做作业、玩儿，一切按部就班。我的学习成绩也不错，所以后来考上了重点高中——西安高级中学。

初中的时候，最大的变故就是爸爸的去世。父亲走了，我们少了一些牵挂和担心，但生活依旧很清苦，一切重担都压在妈妈身上。

上了高中，我认识了一大帮好同学、好朋友，直到今天我们依旧经常联系，我每次回到西安都要与他们聚一聚。

高中的我，年龄大了一些，自然考虑得也更多了一些。

眼看着妈妈那么辛苦，我于心不忍，但是一个十几岁的孩子能帮妈妈做些什么呢？考大学就算考上了还要读四年，就算我自己解决一部分开销，妈妈还是要负担很多。我觉得我等不了那么久。

考虑再三，我觉得我应该自己去赚钱了。

所以，我读完高二就去打工了。

我终于可以依靠自己的力量为家里、为妈妈做点事情了，我觉得很开心，甚至有点自豪。

但是，什么事情都没有看上去那么简单，没有想象中那么容易。

我当时的工作是在一个专卖店里当服务员，类似现在的导购员，要站在门口说“欢迎光临”。

每个导购员都是凭业绩说话的，谁招进来的人多，或者卖的东西多，谁的提成自然也就越多。我那时候工作非常卖力，每天都鼓掌欢迎顾客进来。

这种工作一般都是倒班制的，每人每天站6个小时或者8个小时，但是我为了能多赚点钱，就和领班说我要上全班。

钱是挣得多了，但是我每天一站就要12个小时，非常累。

因为业绩突出，工作了不到一年的时间，我就当上了领班。

不久，我又被调到了一个高档商场里去做促销员，我一个人掌管所有的商品促销，这样的话我的收入也就更高了。

因为打工的地方离学校不远，有的同学碰到就会问：“孙坚你上班了？”我说：“是啊，我挣钱了！”

可能我骨子里就特别阳光吧，虽然小时候经历比较坎坷，但这对于我的

2013-10-29 08:19

小气之人必定不能成大器。

性格好像没有丝毫的影响。我没有长成一个胆小自卑、唯唯诺诺的人，反倒是永远透着要强和乐观。

我从不觉得打工有什么见不得人的，我靠自己的劳动挣钱，没什么可遮掩的。

唯一遗憾的是，我的高中生活是不完整的。当年毕业时，同学们都在老师的衣服上签名留念，独独少了我。好在，后来有一次回学校录节目，老师亲自到场，还带着那件衣服，算是弥补了我的遗憾。

高中三年，我在学校过了两年，打工过了一年。在别人为考大学拼搏的日子里，我在为多拿一点提成而一天站12个小时。

那时候，我不知道自己将来会成为什么样的人，未来对于我而言，遥远得没有形状。

我想的、做的，都是怎么过好眼下的日子。忙碌劳累的打工生活让我知道靠苦力挣钱真的太难了，这些都促使我思考，我究竟要不要继续这样？

在无数次的自问之后，我决定，我要继续上学，结束这种单纯靠体力挣钱的生活。

或许，我要感谢那段又苦又累的日子，感谢它让我去考虑和规划未来。

十几岁的时候，我有过困顿、也有过挣扎，我无法想象日后的生活，也无法想象自己会变成什么样子。

回望年少时的青葱岁月，人们大都喜欢这样的词句：

记得当时年纪小，
你爱谈天我爱笑。
有一回并肩坐在桃树下，
风在林梢鸟儿在叫，
我们不知怎样睡着了，
梦里花落知多少……

我也喜欢这样的感觉，这样自由自在，这样甜蜜酣畅。与所有人一样，我也年少过，但心里更多的却是对于未来的隐忧。我也单纯过，但单纯中永远伴随着无法摆脱的烦恼。

那时候的日子，如果用一句话来形容，只能说，未来遥远得没有形状。

肉夹馍

行走在北京的小巷或者商场，经常可以看见各种陕西美食。
当凉皮、肉夹馍成为标配，我依然想念西安的肉夹馍，
只有西安的肉夹馍才是我心里最纯正的肉夹馍，
那是我永远都吃不够的西安马卡龙。

17

17
O'CLOCK

17 : 00

童年的“后花园”

阳光温柔地倾泻下来，红色的塑胶跑道、
阳光下的一切显得更加充满活力与热情。

2013-10-25 09:53

我要把自己看低，比尘埃都低，这样，别人才能真正地看到我。

在中国，自古就有“孟母三迁”的故事。环境对于人的影响或熏陶，是不言自明的。

我上学的时候算不上学霸，但是对于大学，尤其是西安交通大学这座知名的高等学府却有着颇为深厚的感情。

年纪小的时候，并不懂得什么环境啊、氛围啊之类的东西，只觉得西安交大是一个不仅非常好玩，而且非常特别的地方，用现在的话来形容当时的感觉，可能就是高大上了。

是的，儿时的我们眼里，交大就是这样一个既有趣又与其他任何地方都不一样的存在。那时的我说不上交大有多好，但那就是一个非常吸引我的地方。

作为一个西安人，一个曾经住在交大对面十来年的人来说，西安交大的意义远不止是一座大学，而是生活的一部分，是回忆故乡的画面中非常非常重要的一帧。

小的时候，我们家经常搬家，并不在交大附近住。但是因为姥姥家就在交大对面，距离特别近，所以打小我就经常和周围的小伙伴去那里玩耍。十几岁的时候，我们家也搬去了交大附近，对那里就更加熟悉了。

印象中，那是一个非常美丽的地方。春天的时候有樱花盛开，虽然不像武汉大学那么多，没有一棵挨一棵密密麻麻的那种绚烂，但间或盛开的那一树树的樱花，反倒有种错落有致的别样的美；夏天的时候，又有许多叫不上名字的小花点缀在校园的角落里，有种说不出的野趣；到了秋天，校园里最美的大概要算银杏树了，后来来到北京，银杏树见得多了，但我依然忘不了在交大初见这种树时的那种欢欣，那样金灿灿的亮眼的黄色，那样特别的扇形的叶子，让我非常着迷……

那时的我还不会描述这样的场景，但是这些美如画的风景就像一帧又一帧的影像留在了我的脑海里。

交大的美景不仅吸引着小孩子结伴去玩耍，还吸引着附近的居民去散步。妈妈和小姨她们就经常去交大散步，花开的季节去交大看花，妈妈说她喜欢那里美美的风景，更喜欢那种安静的氛围。

交大不仅自然环境好，还有在当时的我们看来非常先进的地方。比如游泳池，室内室外的都有，当时觉得好玩，而且特别酷，对，用当时特别流行的词，可能就是酷。

尤其是交大的塑胶跑道，是当时最特别、最高级的一个地方。在我的记忆里，当时西安其他的学校都还没有塑胶跑道，只有交大有，我们经常在那里接力赛跑，跑起来都觉得比在其他地方带劲。

而且据我妈妈说，她上学的时候就经常在交大跑步，那时候交大就已经有塑胶跑道了，想想也是够先进的，至于这跑道到底什么时候就有了，妈妈

JOHNNY

说她也说不清，她印象中交大的操场一直都没变，和她小时候一个样子。那看来这塑胶跑道已有一定年头了。

西安交大是一座有悠久历史的学校，当然这是我长大之后才知道的。

西安交通大学是我国最早兴办的高等学府之一，肇始于1896年创建于上海的南洋公学，是在洋务派大臣盛宣怀的奏请下成立的，后来管辖单位几经变更，校名也随之不断变更，叫过“交通大学上海学校”“铁道部交通大学”，也叫过“国立交通大学”等名字，直到1959年才最终定名西安交通大学。

相较于学校的历史，跑道自然不算什么，但在当年的我们眼里，交大的跑道是那么亮眼，那么先进，那么高大上。

除了操场上的跑道，交大还有一个地方特别吸引我们，那就是图书馆门前的雕塑了。不知道从什么时候开始，我们周边的小孩子中间就流传说交大那个书页形状的雕塑特别灵，考试的时候来雕塑前默默许个愿，考试就能考好。

所以每逢考试，我就和其他孩子一起来这里许愿。虽然成绩自然没有因此而变好，但这样一个极具仪式感的行为倒是给我留下了非常深刻的印象。

不知道是风吹雨淋的缘故，还是被我们这些小孩儿给摸的，如今的雕塑边缘已经有了一点磨损。

RAMONES

交大是一所大学，但在当时的我们眼里，更像是一个特别高级的公园。当时我们周边也没什么好的公园，况且公园都是收费的。

只有交大是免费的，里面又那么美、那么好看，虽然我们不是交大子弟，但是学校对于我们附近的孩子从来都是敞开怀抱的，所以我们经常流连在交大的小院里，那里简直就成了我家的“后花园”，是我童年的乐园，是我的家乡记忆中非常亮丽的一抹颜色。

还有校门口那仿佛永远不打烊的小摊，各种美食应有尽有，好吃又便宜，每每想起都充满了诱惑，让我有种想立刻冲回西安的感觉。

孩子的小小心灵，总有些大人不知道也不会理解的大世界。看到交大想到交大，我脑海里浮现的不是“211”也不是“985”，而是我曾经在那里愉快玩耍的点点滴滴。交大，是我童年至少年时期的一座心灵花园，只有我自己，最懂得它的美好，它的与众不同。

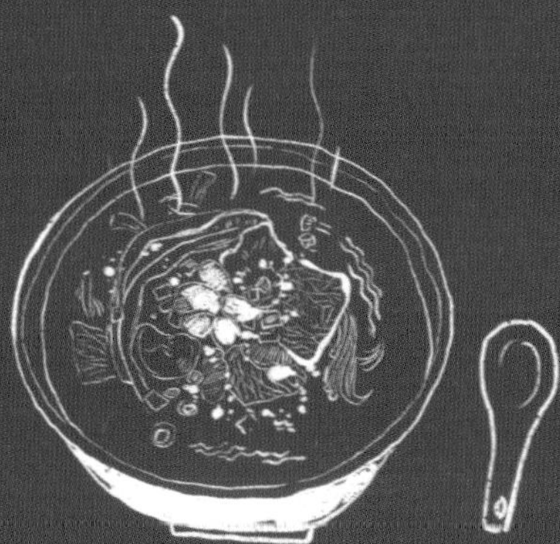

胡辣汤

走过大江南北，也喝过南方精心煲制的各种汤，
依旧怀念那口胡辣汤，能吃胡辣汤的早上或晚上都是幸福的。

18
O'CLOCK

18：00

北京，你好！

就像冬天天将要黑的时候，我行走在陌生的路上，
好奇、紧张又害怕，但走完这段路，我的人生从此开始变得不一样。

2013-10-11 19:43

努力不是为了给任何人看，是为了给以后的自己有个交代。

据妈妈说，我小时候他们带我去过不少地方，但很遗憾，那一切都是在我三岁以前。三岁之后，我们一家人几乎没有一起外出过。而我，好像除了西安，也没去过别的地方，自然也没出过远门。

每次想起第一次出远门，我都会想起余华的《十八岁出门远行》。我和小说中的那个“我”，生活在完全不一样的时代背景里，人生经历没有任何联系，但是远行过程中内心的种种热情、梦想以及挫败、复杂感却又那么相似，以至于我总是将第一次出远门的经历与之联系起来。

我第一次出门远行的目的地是北京。

来北京的目的，不是游玩，也不是打工，而是来考学。

北京什么样子？北广什么样子？主持专业到底怎么回事？我通通不知道。就这样，带着很多很多的不知道，甚至是害怕，我和继父踏上了开往北京的列车。

因为打工挣钱，我在高中就辍学了，怎么又忽然到北京考学了呢?

这就要从我的老师说起。在打工的时候，我意识到靠苦力赚钱是很困难的，那样拼尽全力一个月也就几千块钱。就算努力做到了店长，之后呢？我还能做到什么程度？没有学历，没有专业的知识，也许我这样在职业的路上就到头了。

我不能满足于此，所以我决定继续读书。于是我返回学校补考，拿证

件，办手续。

但是我当时已经辍学大半年，功课已经落下了。老师说正常参加高考的话，希望不大，但鉴于我外形条件不错，老师就建议我走艺考这条路，建议我去考主持。

当时信息远没有现在这么发达，各大院校都在全国各地的中学散发招生简章一类的手册。我看到了北京广播学院（现中国传媒大学），就决定考北广了。

首都，北京，的确很美丽，不过，这里的物价也一样“美丽”。

那时，我家并不富裕，北京普通的酒店对于我来说价格是难以承受的，何况考学又不是只住一两天。

直到现在我都清楚记得我们当时住的地方是什么样子。

那是在北京电影制片厂里面的一个小区的地下室。北京的地下室分两种，一种是可以正常居住的那种，格局也和普通的房子一样，有卧室有厨房有卫生间，窗户在地上，窗户以下在地下，这种叫半地下室，虽然光线很差，但毕竟有光。

另一种就是我当时住的那种名副其实的地下室了，有点像人防工程改的，完全没有自然光线，进去有种“曲径通幽”的感觉，潮湿弥漫在空气里，只有昏黄的灯光提示你这里有人在居住。

地下空间被隔成了一个挨一个的房间，走廊里摆着乱七八糟的小东西，大概是房间太小放不下吧。

我住的那个屋子印象中不是很大，几乎所有的空间都被床铺塞满，有点像那种大通铺，昏暗的房间一眼看进去全是床，我大概估算了一下，一个房间要容纳四五十个人。

虽然我从小居无定所，租的房子条件也很差，不过这样四五十个人一间的房间还是让当时的我“大开眼界”。房间很挤，人很多，也很杂，有来考学的学生，也有打工的。谁都不喜欢这样的环境，都知道这儿不安全，但是对于不富裕的人来说，便宜才是硬道理。

继父陪我在北京大概待了一个星期，因为他还要回去工作，所以就先返回西安了，我自己在这边准备考试的事情。

我记得整个地下室只有从一层进入地下室的入口处有面镜子。考学的学生经常要在那里照镜子，或者对着镜子练习，当时和我一起的就有我现在的朋友刘小海，想想我们也算是相识于微末之时了。

条件艰苦不算什么，最让我难过的是，我的宝贝手机就在这个地下室被偷了。

那时候一部手机还是挺贵的，但是为了让我练习方便，妈妈还是给我买了一部。因为地下室没有信号，打电话也接不到，而且那时候的手机也不是

智能手机，没什么可玩的，所以晚上睡觉的时候，我就把手机放在了枕头底下。这样拿的时候方便。

没想到，第二天早上起来，我伸手去摸手机，只摸到了一根充电线。

我又心疼手机又着急没有电话用，觉得莫名的委屈和难过，我到外面找公用电话打给妈妈，电话刚接通，我就哇的一声哭了。

那种复杂的心情，有心疼，有难过，有委屈，还有失望，夹杂了太多太多。也许这种感觉只有第一次出远门经历种种不顺的人才能真正体会吧。

有人说，北京是个让人又爱又恨的城市，好像真的是这样。这个城市的确有太多的资源和机会，但是所有的资源和机会又并不是唾手可得的。

但无论如何，这个城市，给了我们无限的可能。

第一次远行来北京，我失落过，哭泣过。但也是在北京这个城市，我成长了，收获了。

我热爱这个曾经让我哭泣如今让我欢笑的城市，热爱这个给予人们机会和希望的城市。我热爱我的故乡西安，也热爱这个让我成长并收获的第二故乡北京。

现在偶尔还会想起第一次来北京的种种情形，想起当初的担忧、狼狈，但也正是因为有了那一次的远行，我的未来打开了一扇明亮的窗户，人生自此开始变得不一样了。

臊子面

一碗臊子面，挑不尽的蛋皮、豆干、木耳……
没有什么是一碗热热的臊子面不能解决的。

19

O'CLOCK

19:00

这就是中戏

中央戏剧学院，是我的选择，所以再难我都要上。

演员这个职业，是我从选择中戏的时候就选择的，所以再苦我都要坚持。

到北京，本来是奔着北京广播学院（现中国传媒大学）去考主持人的。因为在当时的信息条件下，我们能接触到的行业除了身边的那些，其他艺考类相关的大概就是主持人了。

那时候，我们只知道，中央电视台很多主持人都是从北京广播学院毕业的。所以，远在西安的我们，就知道北京有个广播学院，到那里可以考主持人。

我是到了北京之后，在准备考北广的过程中，在住的地方通过其他考学的学生才知道，原来除了北京广播学院，还有像中央戏剧学院、北京电影学院这样的艺术院校可以考。

原来，艺考上大学除了当主持人，还可以当演员啊！我的眼界一下子被打开了，了解了这个之后，我觉得比起主持人，我更喜欢当演员。

一则我喜欢舞台的感觉，喜欢演员可以演不同的角色；二则我自以为当演员应该比当主持人赚钱多。不要忘了，我最开始打算放弃打工重新考学就是为了能多赚点钱，让妈妈生活得更轻松、更好一点。对于那时的我来说，梦想是个奢侈品，我够不着，多赚钱才是第一位的。

第一年考试的时候，我通过了北广的专业课，但是中戏的没过。可是，我还是想上中戏，想当演员，于是就有了第二次艺考——我是考了两年才进中戏的。

那时候备考，不像现在新闻里，好多考生都有父母到北京陪着。我们那时候基本都是一个人，我在北京上了大半年课，主要就是学习声台行表（声乐、台词、形体、表演）。

大部分同学都是有一定基础的，学习过相关的课程。但我是完全没有基础的，别人在上课的时候我在冲击业绩争当店长，别人在备考中戏的时候我还不知道中戏是什么样的地方。所以我想要考中戏，要学的还有很多很多。

说起学习的过程，又要提到北京的一个地方——新发地一带的马家楼。

那地方当时简直能用“荒无人烟”来形容，偏僻到不行，我就住在那一带。那儿有好多常年上访的人员，还有我们这些苦读的准备考试的人。

比较特别的是，我是以理科生身份进的中戏，而我本身是学文的。这应该是很少见的情况，为什么呢？因为我的妈妈，在给我报考的时候填错了！

但不管怎样，我终究还是考上了中戏。

除了一分耕耘一分收获之外，我相信也有一种缘分在吧，我和中戏的缘分，我和演员这个职业之间的缘分。

在北京学习备考，是我人生中挺重要的一个阶段。

因为有这个阶段，我的人生打开了一扇窗户，我看到了外面的世界，看到了之前不曾知道也不曾懂得的东西。

也是在这个阶段，我更加知道生活的不易——租房花钱、上课花钱，甚至喝瓶水、买卷纸都是要花钱的。在这个过程中，我的妈妈、我的继父给予

了我最大限度的支持，我永远感激他们的付出。也因此，即便遇到困难的时候，我都知道自己不能放弃。因为，在这条路上，努力的不止我一个人，还有我的家人。

我永远忘不了得知自己被录取的那一刻有多么的欣喜。那时候，录取通知书是寄到姑姑家里的，包括姑姑在内所有的亲人，都特别替我开心。

我很久以后才知道，我第一年落榜，妈妈背着我偷偷掉眼泪。她太了解我为了考试付出了多少，她为我而心疼。

好在，我考上了。妈妈第一年有多伤心，第二年就会有多开心吧，甚至开心会多出许多许多倍。

考上中戏之后，相比其他专业的学生，我们的开销依旧很大，是家里人给了我无条件的支持。

但是，演员这个职业，想出头太难了，出名就更难了，这里面，不光有演技的原因，还有很多客观不可控的因素。我也是在上了中戏之后，才理解了这一点。

在我上学和刚刚毕业的时候，还有事业发展不顺的时候，或者特别辛苦的时候，妈妈都特别心疼我，有时候会说让我干脆找个别的工作算了。

但我自己，从来没想过放弃。

中央戏剧学院，是我的选择，所以再难我都要上。

演员这个职业，是我从选择中戏的时候就选择的，所以再苦我都要

坚持。

说起中戏，我很感激，在这里我学到了专业知识，也认识了许许多多的好朋友。

回想当年第一次听到中戏，才知道原来还有专门教表演的学校，恍如昨日。而如今，我都已经毕业十多年了。

大概是因为职业的原因，虽然我离开了校园，却从未远离表演，而且是一直在表演，这让我时时觉得学校好像一直都离我很近很近。

每个人的大学都是一段极其难忘的回忆，我也一样。我在这个校园里学了四年表演，是我人生的一大幸事，也是一大乐事。

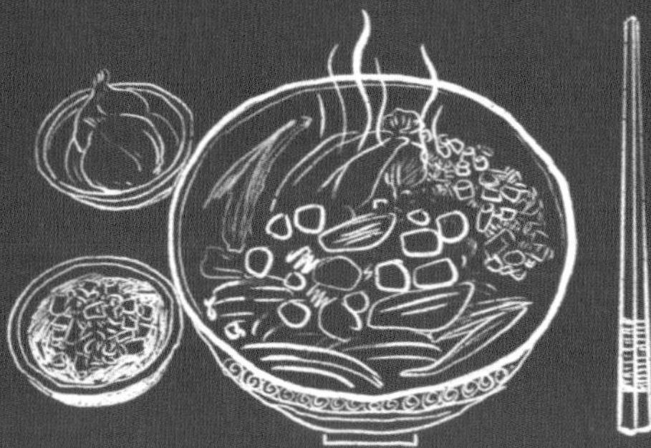

羊肉泡馍

捧一个馍，细细掰碎，一小块一小块地放进一碗羊肉汤里，
浸泡、融入，那是世间最有烟火气息的幸福味道。
我喜欢羊肉泡馍，也喜欢闻着羊汤的清香，充满期待地掰馍。

时 12 时 11 时 10 时 9 时 8 时 7 时 6 时 5 时 4 时 3 时 2 时 1

One Day For Me

时 24 时 23 时 22 时 21 时 20 时 19 时 18 时 17 时 16 时 15 时 14 时 13

拾 坚 线

第三现场

我从来都不是孤岛

孙 坚 的 24 小 时

20

O'CLOCK

20：00

天上，有两颗星星守护我

天上的星星是我们的思念，守护着我们每一个需要温暖与呵护的灵魂。

不在乎与梦想的距离，只在乎梦想的方向，梦想最重要的是坚持。

星空，是一个神秘而美好的存在，灿烂的星河寄予了人们许许多多不想让他人知或者不足为外人道的想象、秘密、希望……

古今中外，人们对于星空的探索从未停止，对于星空的喜爱也从未停止。

无论是在中国古代的《封神榜》里，还是在国外现代的《狮子王》里，星星都是一个温暖的存在。因为传说中，人死后会成为星星。而至亲的人，就会成为星空中最亮的那一颗，守护着地球上的亲人。

在没有经历过生死的时候，我对于这样的传说感觉终归就是停留在文学作品中的想象，不过是为了寄托人们的思念与哀伤。直到自己真正经历了至亲的别离，体会了生离死别的无奈和痛苦，便不再觉得那只是一种想象了。

因为，这种对星星的想象不仅寄托了我们的哀思，也赋予了我们某种力量，让我们相信，亲人的爱与守护永远不会随着肉身的离去而有所减少。

在我的成长历程中，大多是一些冷峻的经历，我也习惯了理智地去面对这个世界。

但是，我的生父和继父的离开，还是触动了我柔软的神经。

生父去世的时候，我的内心是夹杂着矛盾的。爸爸走了，充满阴霾的生活就要结束了。但毕竟血浓于水，他的离开虽然让我摆脱了早已厌倦的生活，悲伤却依旧如潮水般袭来。

我与生父在一起的日子里几乎没有温馨的画面，那时的我光是生活本身都根本无力应付。

但是从继父病重到离开，却着实让我经历了病与死两个最不愿意面对的问题。也让我第一次深深体会到了面对亲人离开而自己无能为力的那种痛楚。

继父是典型的陕西汉子，非常憨厚朴实。其实最开始妈妈和继父在一起，我是不赞成的。

在儿子的眼里，妈妈永远是最美的。我一度觉得继父配不上我的妈妈。但是，看得出来，妈妈对他很满意，因为无论大事小事他都很照顾妈妈。在经历了第一次婚姻长达十几年的消耗与痛苦之后，妈妈遇上继父，也是一件好事。

而且，继父对我也是很上心的。

那时候，随身听还是稀罕玩意儿，哪个孩子能有一个随身听是件非常让人羡慕的事情。当然，对于当时的我们家来说，随声听也是一件贵家伙。

一天，继父送了我一个随身听，我高兴坏了，顿时觉得继父太了解我、太贴心了。从此，对于他的芥蒂与排斥也就没有了。虽然，我后来知道是妈妈攒钱买了让继父送我的，但这并不妨碍我对继父的感情。

自从继父到了我们家，我们终于过上了正常家庭的日子。而这种寻常人家的日子，曾经是我和妈妈梦寐以求却求之不得的。

2013-04-14 20:12

现在不玩命，将来命玩你。

小时候因为爸爸的缘故，我们总是颠沛流离，几乎没有吃过一顿安心的饭。所以，我们太向往那种寻常人家柴米油盐的安稳日子了。继父的到来，让这一切都成了现实。

继父的到来，并没有让我们大富大贵，却给了我和妈妈最坚强和最温暖的精神依靠。

他对于我的爱甚至达到了宠溺的境地，也惯出我很多坏毛病。我们爱聊天，只要我能回到西安，加上我妈，我们三个人可以聊天聊到半夜，从汽车到衣服到工作，甚至到感情，心里话说个没完没了。

幸福在我们家持续了12年。这12年中，继父是家里最大的功臣，可不幸的是，他病了，并且是无法彻底治愈的疾病。

我和妈妈顿时觉得天塌了。

那时候，我的事业远没有现在发展得顺利，经济条件也远不如现在。即便如此，我当时只有一个念头，不管用什么办法，不管花多少钱，我们都不能放弃。

我和妈妈陪着他看病、住院、手术……在医生都宣告没有治愈希望的时候，我还是不想放弃。我在微博上发出求助，不奢望能挽救继父生命，只希望他能多活两年。

后来，在一位粉丝的帮助下我找到一个在美国的中医。虽然从未谋面，但我第一次就汇了一万多块钱。

后面中医每周通过电话沟通开药，然后再告诉我妈妈怎么煎药、服药。就这样，继父又坚持了两年。

我平常是一个有点洁癖的人，但是在医院照顾继父的时候，我好像一点都不嫌脏。为了让继父脱水，我每天要用手往他肛门里打药。胆小的我也好像不胆小了，每天摸着还有脑积水的继父头上的包，只希望能观察到它缩小。

脑胶质瘤没有长大，可是继父的身体却负荷不了，已经衰竭了。继父卧床两年多，其间还得过败血症，发过高烧，好几次医生都说不行了，但我们一家人都不想放弃，一步一步一起熬了过来。

病情最严重、最痛苦的时候，继父拒绝吃药，但就因为我喊了他一声“爸爸”，他就乖乖把药吃了。

就这样，继父的生命在又延续了两年多后走向了终点。对于继父患病，我做到了我能做到的一切，也尽了我最大的孝心和能力。

唯一遗憾的是，继父离开的时候我还在剧组，没能见上他最后一面，没能当面对他说：“谢谢您曾经教会我那么多东西，谢谢您把您曾经得到的东西都给予了我。”

和继父一起生活的十多年里，我一直称呼他“叔叔”，但他一直在做着父亲该做的事情。除了让他吃药的那一次，我没有喊过他一次“爸爸”，倒

BURBERRY

是后来慢慢地在给新认识的人介绍他的时候，愿意称呼他是我“爸爸”了。

其实，想开了也就无所谓了。因为，在我心里，他早已经是我认为的最好的父亲了。

对于我的生父，儿时的我说不上有多爱，但也不恨。我了解他的无奈，了解他的无法自控，也了解他在清醒的时候对我的关心和愧疚。

在我逐渐经历了人生许多事情之后，回忆起我的生父，竟多了一些惭愧。他给予我生命，而我却在他有生之年无以为报，并且今生都无法相报。

我的生父，我的继父，他们之间有着完全不同的生活经历，但他们在不同的时候从不同的角度给予了我最宝贵的东西：生命和关怀。

现在，我的事业慢慢进入正轨，我和妈妈的生活也越来越好。我有时就在想，大概是我的两个爸爸在冥冥之中保佑我吧。

每当夜深人静仰望星空的时候，想起最亲的人死后会变成星星的传说，我都会觉得有一丝温暖。

因为，天上，有两颗星星在守护着我。

凉皮
米皮

凉皮和米皮，已经成为很多北方城市夏日里的流行小食，
没有什么能比在盛夏的西安来一碗麻酱凉皮来得过瘾！

21

21

O'CLOCK

21：00

知恩，而后图报

安静祥和或欢快幸福的时刻，不要忘记这一切来之不易。
我们努力，是为了成为更好的自己，为了让自己的家人过得更好，
也为了让曾经帮助过自己的那些人过得更好。

2013-02-16 14:00

很多事情时间会帮你做出选择，别着急。

中国自古就有“滴水之恩当涌泉相报”的俗语，清代曾将“滴水之恩当涌泉相报，一日之惠当以终生相还”收录在《增广贤文 · 朱子家训》中。

早在《诗经》中就有“投我以木桃，报之以琼瑶”的词句；《世说新语》中也有顾荣施炙的故事：

顾荣在洛阳，尝应人请，觉行炙人有欲炙之色，因辍己施焉，同坐嗤之。荣曰：“岂有终日执之，而不知其味者乎？”后遭乱渡江，每经危急，常有一人左右己，问其所以，乃受炙人也。（顾荣在洛阳时，曾应人之邀去赴宴。席间他发现，做烤肉的人流露出想吃烤肉的神色，于是就停了下来，把自己的那份给了他。同座的人讥笑他，顾荣道：“哪有一天到晚烤肉的人，却不知道烤肉的味道呢？”后来遭遇永嘉之乱，大家纷纷渡江避难，每次遇到危急，总有一人帮助自己，顾荣问他缘故，原来正是那个接受烤肉的人。）

民间也有白蛇报恩的传说，连《红楼梦》里都有绛珠仙草转世用眼泪以报神瑛侍者灌溉之恩的桥段。

我们的传统文化中，一向不缺感恩教育。在这样的文化下成长起来的我们，其实从小就知道有报恩这回事。

报恩当然不只是《聊斋志异》里以身相许的故事，更是渗透在我们的日常行为里。

我自认为是一个感恩的人，倒不是那种感恩所有，包括感恩苦难的观点。而是感恩曾经帮助过自己的那些人，感恩自己拥有的一切美好的东西。

我的成长经历相比同龄人要多一些坎坷，我的童年少了一些家庭的温暖，但是也多了很多其他人尤其是我的亲人给予我的精神上的关怀和物质上的帮助。

我永远不会忘记，在我们颠沛流离的时候，是我的亲戚们伸出了手。我今天在舅家，明天在姑家，后天又去了姨家。

我永远记得我住在姑姑家，姑姑得知我考上大学时的欣喜；我永远记得我和妈妈借住在小舅家时，小舅和小舅妈睡客厅，把床留给了我和妈妈。

我更不会忘记，小姨甚至借钱帮我交学费。

我至今脑海里都有一组非常清晰的镜头：我刚跟妈妈要了钱去交学费，转身爸爸就在路口问我要走了钱。

我知道妈妈已经没钱了，可是我上学必须得交钱，怎么办？我只能去找小姨要。小姨只要身上有都会给我，没有的时候就跟她同事借。以至于小姨的很多同事我都认得，今天跟这个阿姨借，明天跟那个阿姨借……

我们是亲人，他们愿意帮助我，但我知道，这并不是他们应该做的，更不是他们必须做的。但是他们做了，所以我记一辈子，感激一辈子。

我从小就属于那种大人眼里特别乖的孩子，看到别的孩子有的东西，我

就算再羡慕，心里再想要，也不会表露出来，也不会像很多孩子那样撒泼打滚。

但是，哪个小孩儿不想拥有喜欢的玩具呢？我也不想做一个那么懂事的孩子，可是没办法，因为我知道，我的家里，买不起那些。

小姨看到我那么懂事，觉得很心疼。她不止一次地说小孩子不应该那么懂事，小孩子就应该看到想要的东西吵着要甚至闹着要，这才是孩子的本性。

是的，想要并且表现出来，这就是一个孩子正常的表现，而我因为家境问题压抑了自己作为一个孩子的天然心性。

小姨或许是最早看穿这一点的，所以，她看到别的小孩儿有的东西，都会尽力买给我。

她给我买滑板车，买蓝精灵，尽她所能给了我和其他小孩儿一样的有喜欢的玩具陪伴的童年。

所以我后来努力工作，是为了让妈妈过得更好，也是为了让帮助过我的那些亲人过得更好一点。

我希望通过自己的努力，改变的不只是我妈妈的生活，还有整个大家庭的生活。

想到这一点，我就觉得付出是值得的。在我有能力之后，我在西安给帮

助过我的亲戚们各买了一套房子，而且是买在了同一个小区，让他们互相有个照应。

我还让他们一起组团出国旅游，他们现在年纪也不小了，但是很多地方都没有去过。以前我没有能力，现在有能力了，我自然要让他们有机会就去外面的世界看看。

世界那么大，我想去看看。想去外面看的，不只是年轻人，还有我们辛苦了一辈子的父母和长辈，他们更应该去看看外面的世界。

我小的时候，亲人们尽力帮助过我。现在我长大了，也希望尽力能让他们过得好一点。

不管时代怎么变化，在我眼里“滴水之恩当涌泉相报”都不是武侠剧里的客套词，而是一种贯穿人生始终的信念。

我们的一生中，难免会遇到一些难处。无论是亲人、朋友还是陌生人，被他们帮助时，我们要懂得知恩，等自己有能力的时候应当图报。

我们报恩，是偿还当年的一份情，更是传递人世间最朴素的爱与被爱。

西　安　之　美

XIANZHIMEI

灌汤包

灌汤包算不上西安的特产，

但我总觉得西安的灌汤包是最好吃的。

来一份汤包，先喝汤，再吃包子，说不出的满足，忘不掉的美味。

22

22

O'CLOCK

22：00

关于朋友

临睡之前，也是人的情感和神经最脆弱的时刻。

有些事，我们不能与父母言说，唯有朋友能在某些特别的时刻给予我们支持与慰藉。

2012-11-06 10:06

每一个人的存在都有其价值，不要高估自己，更不可贬损他人。

什么是朋友？

对于这个问题每个人的回答恐怕都不尽相同。

如果让我来回答什么是朋友，一时之间也很难给出一个合适的定义。

在我的心里，朋友不见得经常交流，甚至在某些时候也不一定有很多的共同语言。但真正的朋友一定是雪中送炭，而不是锦上添花。

我对朋友是非常珍视的，因为小学时期，我总是搬家，那时候的朋友按理说都是同学或者住在家附近的小伙伴，但是我从来都是邻居还没认全就搬走了。要好的同学放学后一般都是结伴而行的，但我三天两头搬家，同行的人自然也是三天两头就换一批。

就像之前说的，我对童年是没什么清晰连贯的记忆的，自然这个阶段也没什么朋友。而且我猜想以我们家当时的境况，大概很多家长都不愿意他们的孩子和我玩吧。

记忆中有了要好的同学朋友，是从初中开始的。大家一起学习，一起玩儿，一起调皮，一起挨骂。

说起初中，我的初中学校在西安也是出了名的。当时西安那片儿流传着一句话，“不好好学习就送你上八中”。

八中就是我的初中学校，为什么不好好学习就送八中呢？倒不是因为八中教学质量差，而是因为八中教风之严苛人尽皆知。

我至今还记得被英语老师管教的情形，不过现在看呢，其实我应该感谢我的英语老师，如果不是挨了这么多骂，我的英语成绩可能也不会这么好。

初中毕业，我考上了西安高级中学。在这里，我认识了很多好同学、好朋友，他们中有学霸，也有所谓的学渣，如今都还是我很好很好的朋友。

直到现在，只要我有空回西安，我们都会约起来，一起吃、一起玩。用呼朋引伴来形容我回到西安时的状态再贴切不过了。

这些朋友，如果我有事，只要说一句话，他们能帮得上的都是绝无二话。当然，在我心里对他们也是一样。

我记得我一个朋友，算是发小吧，在她结婚之前我还想方设法帮她测评她未来的老公。那时候我工作已经很忙，日程每天都是满满的，所以每次说起这件事情，我朋友都颇为感慨。

其实我觉得这真的不算什么。在一个城市长大，有那么多共同回忆，能互相称得上朋友，是一件非常难得的事情。如果我能够尽我的能力为朋友做点事，我有什么理由不去做呢?

后来上了大学，又认识了许许多多的朋友。再后来又在工作中遇到了很多朋友。尤其进入演艺圈之后，我越发感觉到朋友之间的感情是那样难能可贵。

我记得我们毕业大戏的时候，同学们为了戏份和角色产生了一些分歧，大家你一句我一句地说个不停。我当时就情绪失控哭了出来：“这时候难道

2012-10-19 13:03

容忍是成长最好的课程。

不应该是留下美好回忆的时候吗？争这个有意义吗？”

同学们被我的反应吓了一跳，我当时在外面工作，是赶回学校参加毕业大戏的，同学们看我这样都笑着说：“哪儿来的理想主义者啊？你又不是主角，跟你有什么关系啊？”

其实，大家都知道毕业大戏的重要性。因为很多影视公司投资人都会来看毕业大戏，通过毕业大戏来选人，所以大家很重视这个机会，我也能理解。

但是，在同窗四年就要说再见的时刻，我觉得，没有什么比同学情更重要了。

直到今天，我很多的朋友也都是当年的大学同学，包括我现在的经纪人，只不过我们不是一个系的。

还有唐嫣，我们关系非常好，虽然现在大家各自拍戏都很忙，但只要有什么事，微信发一句，对方马上就会发来一大段一大段的文字。我特别感动于这种友情，就是无论你的身份有什么样的改变，大家都是最好的朋友，遇到事情真心地站在你的角度替你考虑，不掺杂任何的名与利。

成年人的世界多多少少会有利益的纠葛，演艺圈这样的名利场更是不能避免。我感谢朋友为我仗义付出，也尽量在朋友需要我的时候尽我所能地去做点什么。

很多人都对我在微博上支持姗姗有印象，也有很多媒体就此问我，他们

觉得我当时顶着压力来做这件事很难得。

但我个人觉得，这真的没什么。我们是朋友，她莫名遭受委屈，做朋友的挺她，难道不是应该的吗?

其实演艺圈里的人更了解彼此到底是什么样的人。我知道朋友是什么样的人，我不怕因为声援朋友而招来的任何麻烦，哪怕是黑粉来骂我，我都无所谓。我认真演戏，认真做人，真正喜欢我的观众和粉丝都会看到我的努力，我不会迎合更不会惧怕黑粉。

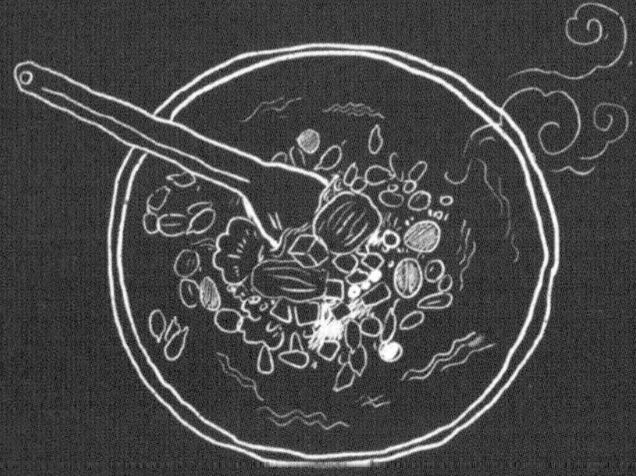

八宝
稀饭

很多地方都有八宝粥、八宝饭，
但我最爱的还是西安的八宝稀饭。
即便不在西安，
也会经常想起灌汤包、麻酱凉皮、酸梅汤、八宝稀饭。

23 O'CLOCK

23:00

和我一起成长的伙伴

我的时间，更多的是与自己团队的工作人员一起度过的，
因为他们，我结束了单打独斗、孤军奋战的日子。

2012-10-17 13:22

踮起脚尖，就更靠近阳光。

小的时候，家是爸爸和妈妈。

上大学了，宿舍成为常驻的家。

刚刚入行的时候，是和同学结伴而行的，一起跑剧组，递资料。毕业之后，有形的集体不在了。家成了遥远的思念，成了忙碌到不能常回去的地方。

同学们各自忙事业，有的签了公司，有的和我一样继续一个人跑组递资料。有很长一段时间，我一个人租房，一个人吃饭，一个人跑组，也努力习惯着一个人单打独斗。

这样的状态一直持续到拍《生死桥》，我签了公司。虽然还是一个人租房、一个人吃饭，但是在事业上好像有了依靠，成了一个团队中的一员，而不再是单打独斗的“孤胆英雄”。

我组建自己的团队是在《百变大咖秀》之后，经纪人是我的大学同学，团队里还有发小，以及其他一些朋友和工作伙伴。

我并不是一个特别害怕独处的人，但是在工作上我更享受团队作战的状态。在我的团队中，大家永远都是心往一处想、劲往一处使，就像一家人，所有的努力，哪怕有拌嘴，都是为了让这个家更好。

在一个公司或者别的什么单位里，大家是有职位高低分工的。但是在一个家里面，每个人都是平等的家庭成员。

我的团队里有和我年龄一样大的，也有好几个“90后”，大家不分彼此，工作的时候都上足发条，工作完就尽情地嗨。

每次工作结束，我们的常备剧目就是大家一块儿聚餐。我清楚地知道他们每个人喜欢吃什么，有什么忌口。

我们一起吃饭，很多时候都是我来点菜。不熟悉的人可能会以为我在演“霸道总裁”，然而真相不过是因为我知道他们每个人的喜好，所以我点菜，大家都省心，也都放心。

尤其每次因为工作和团队一起回到西安，我会带他们吃遍西安美食，让他们这些曾经对西安无感的人都爱上了西安，也爱上了那里的美食。

我们经常会听说创业很难，首先就在于带一个团队很难。

这一点我深有体会，虽然开始也会有一些困难，但是我很庆幸，在团队所有人的努力下，我们把一个团队经营成了一个家。

我喜欢这种平等融洽的氛围，在这样的氛围里，大家能够更好地发挥自己的能量。有人曾经问我对于自己的团队，以后有什么规划或者发展计划。

我说没有。我是一个性情中人，生活中是这样，工作中也是如此。当然，这不代表我随便或者任性，我只是凭着我当下的认知、能力和热情去做当下的事情。凡事尽力就好，谁都无法预知以后会发生什么，更无法预知团队中每个人会有什么样的改变和发展，我能做的就是与大家一起努力，做好眼前的事。

CAPTIVE
WILD

RAMONES
JOHNNY
TOMMY
Wear with feeling
COMME des GARÇONS
着て感じる。
C'EST

俗话说，“人无远虑，必有近忧”，但是在演员这条路上，我更愿意相信，做好眼前事才可能一步步走向更好的未来。

我喜欢和一起工作的人以伙伴的姿态出现，包括我现在的团队，也包括之前一起工作过的人。我记得我之前的经纪人在我们分开的时候说：“很遗憾，没能帮你抢到好资源。”

那时候的我，的确没有得到特别好的资源。但这是经纪人一个人的问题吗？当然不是。我跟他说，你看我当时有那个能力吗？再者说，一个人在一件事上的成功总是需要天时地利人和的，这不关他的事。

现在，因为我的发展，能够让团队的每个人都生活和工作得更好，我时常觉得欣慰，我觉得自己的价值在一定程度上也得到了体现。

我现在成立了自己的公司，也签了新的艺人。他们经常会喊我“老板”，但是在我心里，他们每一个人都是这个团队中不可或缺的一员。我会尽我所能去帮助他们在演艺道路上走得更顺畅。

我不知道我们的团队以后会发展成什么样，因为，我甚至不知道自己以后会发展成什么样，因为世界本来就是未知的。我唯一能保证的就是，我在，家就在。我们每个人都好好的，这个团队也就会好好的。

小吃

来了西安，如果不品尝各种美食，那简直就是对不起自己。
钟楼小奶糕、细铁签子烤肉、甑糕、羊肉串、炒焖子……
数不尽的西安小吃，任何时候想起都会心向往之。
西安的美食，那是西安最吸引人的魅力之一。

24
O'CLOCK

24：00

好好做人，就会遇见好的人

对于演员，工作起来就不再有明晰的作息表。
但是，和一群有同样梦想的人一起，人生就会不一样。

2012-10-10 14:59

奇迹是努力的另一个名字。

“你要坚持做一个好人，你就会遇见一些好人，然后一切都会越来越好。”

这是我非常认同的一句话，最开始看到这句话我就很喜欢，因为这是一个非常美好的愿景，我以此激励自己。

再后来，见了很多人，经过很多事，我更加喜欢这句话。这时候的喜欢是因为经历验证了它的正确性。所以我更要以此时时提醒自己，做一个好人。

契诃夫说：“人的一切都应该是美好的：心灵、面貌、衣裳。”所以，做一个好人、一个美好的人，要成为一个从里到外都美好的人。

作为一个演员，由于职业的需要，大多数时候外表都是光鲜亮丽的。我倒不觉得这是一个负担，反倒从客观上让我自己首先从面貌上成为一个美好的人。

我喜欢好看的衣服，也喜欢买好看的衣服，不光是因为职业的需要，更因为我从心底热爱这些美好的东西。

当你身上穿着好看的衣服，你的心情都会跟着明亮起来。当然，这并不意味着我们要偏执地追求物质，而是应该充满热情地接受生活中一切美好的事物，包括好看的衣服。相对来说，好看的衣服也是最容易获得的。

面貌、心灵次之。在我看来，面貌可以理解为面相、外貌。外貌也就是长相，这个是天生的，是不以人的意志为转移的，但是面相是可以以人的意志为转移的。

人们都说相由心生，我非常赞同这个说法。一时的表演可以遮盖一些东西，

2019校园招聘会
西安交大捷普网络科技有限公司
软件开发
Software Development
技术支持
Technical Support
行政职能
Executive Function
Marketing Management

但是发自内心的善良或者丑恶是不可能一直演下去的。

《父母爱情》里有一段关于女主角外貌的内容，讲的是女主角虽然已经是好几个孩子的妈妈，但是眼睛还很干净清澈，看上去也很年轻。女主角后来分析，说是因为她生活得幸福。是的，只有无忧无虑的生活才会让一个中年女人依然保有孩童般清澈的眼神。

所以，我认为，人的面貌其实是内外结合的一个呈现。美好的心灵才是最重要的。

有时候，我看着镜子里的自己，会很感激父母给予我周正的外形，更感激我过往的生命中曾经给予我帮助的那些人。是他们，让我有底气成为一个美好的人，让我坚守着美好又能收获更多的美好，也让我有勇气以美好的心态面对生活中偶尔的不美好。

在我年少时，许多亲人给予了我无私的关怀和帮助。上学后，又结识了一帮有爱的同学。进入演艺圈，因为工作的原因也认识了很多圈里人。每个阶段都有那么一些美好的人出现，因为他们的美好，也让我的生命更加美好。

比如小姨送的滑板车，让我的童年色彩斑斓；

比如大学同学“招之即来”的宽慰，让我在名利场中得以自由地呼吸；

比如给予我机会的制片人、导演等，让我有机会在观众面前努力展现自己。

是他们，让我更有信心去成全自己做一个美好的人。

CAPTIVE
WILD WOMAN

029-88668032
180 9234 0071

153
89240399

曾经因为在微博声援姗姗招过很多黑粉，惹来了许多莫名的谩骂。有人问我怕吗，我说我不怕，我唯一担心的就是发在微博图片上的字写得太丑了。看起来是句玩笑话，但我内心的确没有因此害怕过，更没有后悔过。身在同一个圈子里，我比大多数圈外人更了解朋友真实的样子。当她遭受非议的时候，我觉得我作为朋友、作为一个男孩子，应当发出我自以为还算客观的声音。

大概也正因为如此，许多不计较得失的人才会不知不觉地成为我的朋友。因为我们都是一样的人，为了朋友，不计较什么，更不贪图什么。

我参加《百变大咖秀》时，这档节目邀请的嘉宾都是有一定知名度的，相比而言，我算是完完全全的新人。但是节目组还是给了我一次机会，让我通过这个机会很好地展现了自己，几乎可以说是迎来了事业上的大转机。

在录制《快乐大本营》时，何老师、娜姐对我的关照，我一直都铭记于心。

在每个人成长的路上或多或少都有过贵人相助，我的演艺道路也是如此。我越来越好的发展，凭的是自己的努力，更离不开那些有意无意对我有所帮助和提携的美好的人们。

偶尔朋友之间聊天，会有人说："孙坚你可以给×××打个电话，××节目很火你可以上啊。"我知道朋友是好意，但是我说我不打。我觉得一生中有过一次难得的机会我就很满足了，很多人穷其一生可能也得不到一个这样的机会。我得到了，我也不贪图更多，更不想因为自己的事一再麻烦朋友。

当我们帮助别人的时候应该想，朋友之间帮忙都是应该的，因为我们不是为了求回报而施助的。但我们有求于别人的时候，应当谨记帮是情分，不帮才是本分，每个人都有自己的难处和不得已。只要是真朋友，如果对方能够做到是一定会帮的。

怀揣着这样美好的心灵，我相信我们就会遇到一样具有美好心灵的人。

好的人遇到好的人，一切也会加倍好起来。

西 安 之 美

XIANZHIMEI

回民街

请注意，回民街不是一条街，而是一大片街区。
鳞次栉比的小店，几乎每一家都有其独到的美味小食，
这里集合了西安无数的美食，虽然已成为热门旅游景点，
但商业气息并没有冲淡本地美食的地道与美味。

Supreme